学級経営力を高める
3・7・30の法則

野中信行 著

学事出版

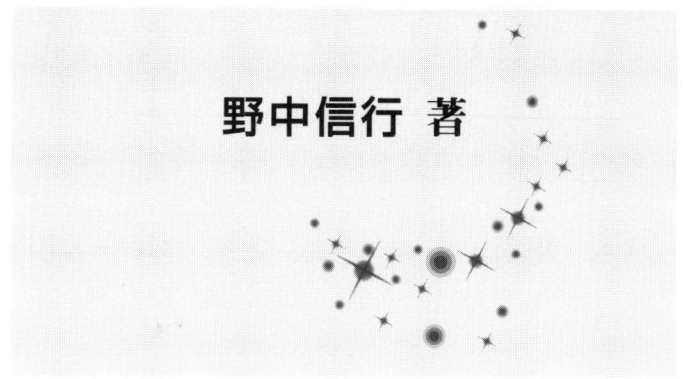

はじめに

学級をどのように経営していけばいいのか、多くの教師が悩んでいる。

たくさんの本が、その学級経営について書かれて出版されている。私自身も『困難な現場を生き抜く教師の仕事術』（学事出版）という本を書かせていただいた。

うれしいことに、私の予想以上に多くの方が読んでくださり、いろいろな反響をいただいた。

「この本は、学級崩壊を防ぐという視点から学級経営を展開してありますが、一年間を見通しての学級経営をぜひ書いてほしい」

「初任の教師ですが、一年間を考えた学級経営の本が見つかりません。私たちはもっと些細なこと、もっと基本的なことを知りたいのです。ぜひ、先生の本をもっとくわしく展開してほしいのです」

これらの反響を受けながら、確かに初任の先生たちへ向けての本がほとんどないのが気になった。

委員会主催の初任者研修講座は数多く開催されている。しかし、聞いてみると、初任者のニーズに合わず、一方的な話に終わっていることがあるようだ。

現場では、ベテランの先生が、若い先生に向けてきちんと教えてあげる風土がなくなっている。若い先生方も、教えてもらうという気構えを持つことが少なくなった。だから、ベテランが当然であると思っていたことが若い先生方に伝わっていかないということが起こっているはずである。

今、私たち団塊の世代が、現場から退場していく代わりに、多くの初任の先生たちが採用されて赴任してきている。初任の先生たちは、希望や夢を持って先生になってくる。ところが、現実の現場では、愕然となる。思い描いたはずの子どもたちは、どこにもいないのである。

また、学級づくりの基本的方法論や授業の基本的な技術をきちんと持っていない。そのため、自分が教えられた小学生の頃を思い出して進めていくしかないし、方法も場当たり的である。

つまり、次の三つの大切さがわかっていない。


第一に、担任として、クラスづくりの基本的方法論を持つことの大切さ。

第二に、授業づくりの基本的な方法論を持つことの大切さ。

第三に、子どもたちが大きく変貌していることをきちんと知ることの大切さ。


この三つのことを持って現場へ来なければ、途方に暮れるのは目に見えているのだ。

(荒れるのは若い先生たちのクラスだけではない。この三つを持っていない教師ではベテランのクラスでさえも荒れていく。現場は、確実にそのようになっている。)

反論があるのかもしれない。

今までだって多くの初任は、この三つのことを持っていなくてもなんとかやってこられたじゃないか。若い教師は、いろいろ悩みながら、試行錯誤しながら、自分で周りから技術を学び、習得して一人前の教師になっていくのではないか。……このような反論である。

もちろん、私たちの若い頃（今から三十数年前になるが）大学も教育委員会も、今のような特別な研修制度を敷いていたわけではなかった。ところが、若い先生たちは、群れ集まりお互いに学び合っていた。

時代が変わったのである。

そして、子どもたちが大きく変わってきたのである。（くわしくは、後で書いていく。）

保護者も、初任の教師を育てていこうという気持ちよりも、我が子にとってむしろ迷惑だという気持ちを前面に出すようになっている。

そういう状況の中で、初任の教師が、ベテランの教師と同じようにクラス運営をしていくことなどは至難のことである。

私は、この事態を乗り切りたいと思い、思い切って一つの問題提起をしたいと思うようになった。それが、この一冊である。

私たち教師の前には、絶望的と思えるほどの現実が広がっている。忙しくなるばかりの仕事。子どもとの距離をきちんととれず、子どもと一体化していく親たちの群れ。……数え上げれば、数かぎりない問題があがってくる。

それでも、私は、あえて主張する。

「〈教室〉でならば、子どもたちを変えることができますよ」

どんなに困難で、厳しい家庭環境を抱え込んでいる子どもたちでも、〈教室〉でなら、子どもたちは自分から自分を変えていこうと努力するようになる。私の周りでは、何人もそういう子どもたちが育っている。

どうすればいいのか。

一つだけ条件がある。それは、学級がきちんとしていなくてはだめだということだ。学級が荒れていたり、不安定であるかぎり、子どもたちを変えていくことはできない。見通しのある学級経営が、どうしても必要である。

私は、この一冊にその手法を込めた。

ただし、この本に特別にすぐれた学級経営を期待する人は、当てがはずれるであろう。

この一冊は、名人芸などとは無縁な「ふつう」の教師が、「ふつうのクラス」を成り立たせるための学級経営書であり、それ以上でもそれ以下でもない。

前著と重複して書いているところは、学級経営という性質上ご理解いただきたい。できるだけ私の最新の学級経営の実践を載せるようにした。

若い先生たちが、夢や希望を見失わないでクラス経営を成り立たせていく道筋をつけさせたいという一念で、この書を著している。

私の思いが、多くの若い先生たちに届くことを切に願っている。

野中　信行

もくじ

学級経営力を高める3・7・30の法則

はじめに 3

第1章 今、学級をつくるということ 13

1 子どもが変わった 14
(1) 「生徒」することができた子どもたち 14
(2) 「生徒」しなくなった子どもたち 15
(3) 「座る」「黙る」の学級規律の崩壊 18
(4) 「ものを学んでいく」基盤の崩壊 19
2 その日暮らし学級経営の崩壊 21
3 見通しのある学級経営とは 23

教師論ノート1 〈身につけたい仕事術1〉時間管理をするための手帳術 25

第2章 事前に準備する心得2つ 29

1 〈心得1つ目〉～始業式までに準備すること～ 30
(1) とりあえず準備する3つのこと 30
(2) 子どもについてもっと知ってほしいこと 32

2 〈心得2つめ〉～基本的な子どもへの対応～ 33
(1) 子どもと遊ぼう 34
(2) カッコつけずに叱ろう！ 35
(3) まず身につける3条件 36
教師論ノート2 〈身につけたい仕事術2〉システム思考を身につけよう 39

第3章 学級の仕組みづくりのコツ ―～3・7・30の法則― 43
1 学級の仕組みをつくる「3・7・30の法則」 44
(1) 〈3〉の法則（最初の3日間） 46
(2) 〈7〉の法則（最初の1週間） 59
(3) 〈30〉の法則（1カ月） 69
〈ちょっとした解説〉―子どもたちの普遍的心理― 74
教師論ノート3 〈身につけたい仕事術3〉「時間のゆとり」を生み出す仕事術 76

第4章 学級を「集団」として高めるコツ 83
1 「群れ」を「集団」へ 84
2 目標達成法 85

(1) 学級目標（1年間）をどのように設定したのか 85
(2) クラスの目標をどのように達成させていったのか 86
3 「ちょこちょこ学級会」を開く 90

教師論ノート4 〈身につけたい仕事術4〉通知表（あゆみ）を作成 93

第5章 〈個別対応〉を意図的に行うコツ 101

1 子どもたちの変貌 102
2 個別対応の時代へ 104
(1) 包み込み法 104
(2) 伝達法 105

教師論ノート5 〈身につけたい仕事術5〉保護者会をどうしていくか 109

第6章 交流活動を組織するコツ ―コミュニケーション力をつける― 115

1 会社活動の取り決め 116
2 会社活動の時間を保障する 117
3 会社活動のその後 118

教師論ノート6 〈身につけたい仕事術6〉学級の筋道をどうしていくか 122

第7章 秩序ある教室づくりのコツ 125
1 「ブロークン・ウィンドウ理論」が教えること 126
2 教室環境を整える 128
3 段ボール箱を活用する 130
4 机や椅子を整頓する 131
教師論ノート7 子どもと関わるということ 134
終わりに 139

第1章 今、学級をつくるということ

【この章でのポイント】

学級をつくるということは、とても難しいことに変わっている。子どもたちが大きく変わっているからである。だから、今まで成り立っていた学級経営が、子どもたちに通じなくなっている。

ここでは、通じなくなった学級経営を明らかにし、代わりの学級経営の方法を提示している。

この章は、学級をつくっていくための簡単な理論編である。

1 子どもが変わった

(1) 「生徒」することができた子どもたち

私は、一九七一年にはじめて教師になった。今でもその頃の様子が、まざまざと思い出される。

私は、九州の佐賀から上京して、まったく右も左もわからないままに、五年のクラスを受け持つことになった。横浜という大都会の子どもたち。地方の子どもたちとは、ずいぶん違うのではないかと身構えてクラスに入った。

まったくイメージが違った。予想とは違い、元気で、素直な子どもたちであった。

私が学校生活のいろいろなことに戸惑っていると、必ず誰かが出てきて「先生、それはこうするんだよ」と教えてくれた。子どもたちは、教師にいろいろと教えてあげることを喜びとしていた。

隣の先生も、熊本から来た初任の女の先生だったから、初任の二人が五、六年と持ち上がって担任をしたことになる。それでも何の不都合もなく過ぎた。（今では、初任の二人が高学年を受け持つなどということはありえない。まず、そういう人事を校長がしないし、受け持っても担任ができない。）

　のどかな時代と言ってよかった。地域には、村社会（地域共同体）が残っており、学校はそれに支えられ、コントロールされながら存在していたと言える。

　この時代、親たちは、子どもが学校へいく朝には、「先生の言うことはちゃんと聞くんだよ」と言って送り出していた。

　親たちは、学校や教師に対して、まださささやかな敬意を表する気持ちを持っていた。そのバックボーンがあって、子どもたちは、学校で「生徒」することができたのである。だから、子どもたちにとって、どんな未熟な若い先生であろうが、きちんと席につき、おしゃべりをしないで勉強する（それがどんなに見せかけでも）ということは、当たり前のルールであった。

⑵「生徒」しなくなった子どもたち

　こういう状況が少しずつ変化してくる。その変化を感じたのは、一九八〇年代の中頃のことである。

　近隣の知り合いの先生から「高学年のクラスが荒れているんです」という情報が少しずつ入るようになった。また、同僚の先生たちの話の中に「子どもたちの心に言葉が届かなくなっているなあ」というつぶやきが混じるようになっていた。

　高度消費社会は、地域に残っていた村社会を急速に解体し、都市化してしまった。地域の大人たちのつながりは急速に薄れ、共通の価値観（していいことや悪いことなど）も同時に消え失せていった。

その代わりに、社会全体を覆っていた価値観は、「自由・人権は大切」、「みんな平等」、「個性が第一」というものであった。

それは、子どもたちにとっては、自分のやりたいことは何をやってもいい、やりたくないことはやらなくていい。教師も生徒も同じ人間だから、教師の指導には従わなくてもいい。何よりも大切なのは、自分なのだ、というかたちで受け取られていた。

家庭も地域共同体の支えを失い、裸同然の姿をさらすようになった。子どもを育てる責任がすべて親に託されるようになったのである。一昔前は、地域の大人たちのつながりによって子どもは育てられていたのであり、家庭は、その上に乗っかって初めて子どもの教育力が発揮できたのである。その支えを失ったわけだから、家庭は、一挙に社会の流れの中で浮き上がってしまった。

家庭にも、「自由・平等・個性第一」の精神が深く浸透していくことになる。家庭では、子どもを自立させていくということが第一の課題ではなく、個性の伸長が大きな目的になったのである。そのためには、子どもを取り巻く環境を整備し、自由にのびのびと育てていけば、きっと子どもは思い通りに個性が伸びていくであろうと考えられるようになった。

その結果、子どもの欲望はできるだけ満たしてあげようと意識する、物わかりのいい親が増え、きちんと子どもとの距離をとり、他人を意識した生活のしつけを子どもに身につけさせようとすることなど、親はほとんど考えなくなったと言っていい。

小学校では、八〇年代中頃から少しずつ「生徒」しない子どもたちが増えていく。「生徒」

しない子どもとは、「教師」の教授活動に対して「学習」行為をとることができない子どもたちを総称して私は言っている。

学校は、「教師」と「生徒」の関係で成り立つ空間である。この関係が成り立たなくては、学校の存立はない。だから、「学級崩壊」とは、子どもたちが意識的に（あるいは無意識的に）「生徒」しなくなる現象である。

「生徒」しない子どもたちの特徴とは何か。私は、次のようにその特徴をとらえている。

①　行動の価値観が〈善悪〉ではなく、〈快・不快〉にある。彼等は、その行動をとる基準を「快いか、快くないか」においている。快くないと思えば、「ウゼエ、メンドクセー、キモイ」などと言って活動することを拒否する。彼らは、毎日、ほとんどきちんと考えることなく、自分の感情のままに生きている。

②　「自分を変えていこう」「勉強してよくなろう」という気持ちをほとんど持っていない。自分の興味がないことには、すべて「メンドクセー」と片づけてしまう。

③　差別、ひいき、無視など特別視されることに敏感である。自分は、平気で他の子どもに同じことをするのに、自分がされることを極端に嫌う。自分だけがすべてであり、他者意識がほとんどない。

注意深く読み直してもらいたい。日本社会がめざした「自由・平等・個性第一」の価値観が、子どもたちにはこのようなかたちで受け取られ、行動化されていったのである。

⑶「座る」「黙る」の学習規律の崩壊

八〇年代中頃から少しずつ増えていった「学級崩壊」が、九〇年代の初め頃から表面化されるようになる。連日、マスコミはこの話題を取り上げ、大々的にキャンペーンを張る。行き着く先は、「親が悪い」、「学校・教師が悪い」、「文科省が悪い」、「社会が悪い」といつものパターンが出揃うことになる。しかし、何とも方向がわからないままに、話題は、尻すぼみになる。

そして現在、学級崩壊は少なくなったと考えられている。とんでもない誤解である。マスコミの話題にならないくらい**学級崩壊は日常化**しているのである。

私は、この「学級崩壊」が、今までの学校教育（とりわけ小学校教育）を大きく変えていったと考えている。（しかし、その危機感が文科省も、教育委員会も、そして現場にもないことに苛立ちを感じる。）とりわけ、私たち教師の存亡の危機だという認識が希薄なのである。

学級崩壊についてもっとも中心的に私たちを示唆してくれていた上條晴夫氏が、このような状況を総括して次のようにまとめている。

「かなりやんちゃなクラスでも教師のよく目の届く教室では、子どもたちは黙って席についていました。それが、明治の最初に学制が始まったときから学校文化の伝統だったからです。教師や級友に多少不満があっても、授業時間中に、おしゃべりをしたり、立ち歩きをしたということはほとんどありませんでした。

ところが、学級崩壊では、まさにこの明治以来の伝統が崩れます。教師の目の前で子どもたちは『静かな荒れ』を爆発させたのです。（略）

『座る』『黙る』はほんのちょっとした学習ルールのようですが、この二つのルールが守ってもらえないと、いわゆる『授業』と呼ばれるものの大半はできなくなってしまうのです。この点で学級崩壊は、これまでにない新しい荒れといえます」（「いま『授業成立』の基礎技術が必要である」上條晴夫　〈授業づくりネットワーク４月号〉二〇〇五）

学級崩壊の核心が、「座る」「黙る」規律の崩壊であるという指摘である。この状況が広がっている。

この状況は、子どもたちが「生徒」しようとしなくなっているからだ、と端的に私は指摘し続けている。つまり、「座る」「黙る」という学習規律を身につけていることを「生徒」していると位置づけてきたのだが、それを子どもたちが放棄し始めているのである。

(4)「ものを学んでいく」基盤の崩壊

ここで気をつけておきたいのは、「座る」「黙る」という学習規律は、それ自身を目的化して考えるべきではない。

この学習規律を身につけることができないという事態は、とても深刻である。知識が身につかないという理由ではない。人から**「ものを学んでいく」**という基本的ルールが身につかないからである。

「ものを学んでいく」ということは、「ものを知っている人」から「身につけ方」の説明を聞き、それを受け入れ、他の課題に応用してみて、試してみることである。うまくいかないときは、どこに問題があるかを指摘してもらうという、きわめて対話的、ツーウェイ的なコミュニケーションを行うこと。教育の現場（学校現場だけではない。人から学んでいく場所すべて）で展開されているこのコミュニケーションの訓練を通して、生徒たちは、「説明を聞くときは黙って、注意深く耳を傾ける」、「あとできちんと思い出せるようにノートなどに記録する」、「集中している人の邪魔をしない」……などという基本的なマナーを自然に身につけていく。

しかし、小学生の段階で「ものを学んでいく」ことを放棄し、「ものを学んでいく」仕方を身につけないで過ごした子どもたちは、大きくなった後も「自分が知らない知識・情報、自分が身につけていない技術」をうまく習得することができない。なぜなら、対話的、ツーウェイ的コミュニケーションの方法がわからないためである。

彼らは、長い時間、人の話を注意深く聞くことができない。人に「ものを教えてもらう」ときの適切な作法を知らない。何よりも教えてくれる相手に、自分がどこを知らなくて、どこがわからないかを知らせるすべがわからない。つまり、彼らは、自分にできないことや自分にわからないことをどうやって身につけていくかの筋道がわからないのである。

では、彼らは、どうやっていくのか。

彼らは、「自分がすでにできること」や「自分がすでに知っていること」を量的に増やしていく以外に考えられないのである。

周りにごまんといるではないか。小学生のままの幼稚さと自己中心の自我意識の体に、ただただテレビや音楽やゲームやパソコンやファッション、スポーツなどの情報をぎっしりと詰め込んで、それが「成長することなのだ」と錯覚している青少年の多さ。彼等は、高校、大学でももちろん、何一つ本気で学ぼうとしない。

そして、長い学校生活の果てに、ニートになるか、あるいはフリーターになっていくという状況が起こっている。いや、もう現実は、その方向で進んでいる。

2 その日暮らし学級経営の崩壊

「座る」「黙る」という学習規律の崩壊は、子どもたちの「ものを学んでいく」フレームの崩壊である。

学校現場で、この学習規律の崩壊と同時に崩壊したものがあると私は考えている。それは、「今までの学級経営」の手法である。

実は、学校現場では、多くの教師が、確かな学級経営を行ってきたことなどなかった、と私は考えている。

そんなことはない、学級経営という言葉は、教育では日常化した言葉であり、現に日々先生たちは、学級経営にいそしんでいるではないかという反論が返ってきそうである。

しかし、先生たちがいそしんできたのは、「その日暮らし学級経営」であると、私はつねづね言い続けている。その「その日暮らし学級経営」がもう崩壊し始めている。

確かに、これまでは主に小学校の先生たちは、「その日暮らしの学級経営」で何とかクラス経営ができていたのである。その経営とは、四月に学級を受け持ち、係と当番を決め、時間割に従って授業をし、一年間の学校行事に従って粛々と行事をこなしていくというものである。もちろん、「学級経営案」というものを校長に提出する。だが、ほとんど作文である。その経営案に従って実行し、学期ごとに反省し、方針を立てていくという実行力のあるものになっていない。それよりも、決まっている学校行事に従って、一年間を何とかこなしていくという発想が強いのである。でも、今まではそれでなんとか通じてきたのである。

それは、子どもたちが「生徒」してくれたからである。日常の授業で、子どもたちが何とか「座る」「黙る」という学習規律を守ってくれたからである。

その「その日暮らし学級経営」を崩壊させたのは、八〇年代半ばより徐々に進行してきた「学級崩壊」である。

この学級崩壊は、小学校教育のあり方の根本的転換を迫ったはずであった。しかし、現場は、残念ながら現実的にはそのような危機意識はない。

3 見通しのある学級経営とは

学級を一つの組織体として考え、それを意図的、計画的、継続的に組織していくためには、きちんとした組織論がなくてはいけない。私は、そのことを強調している。

今まで私は、「学級を組織する」ことを一つのテーマとして研究してきた。そこで常に心してきたことは、次のことであった。

① 「すばらしいクラス」づくりではなく、「ふつう」の教師が、意図的、計画的、継続的に進めていく「ふつうのクラス」づくりである。
② 学級の基盤づくりのためには、最低限どのような原則が必要になるのかを考える。

私の興味は、「クラスをつくるには、最低限どのような原則が必要なのか」ということである。その原則とは、「これだけはクラスづくりで意図的、計画的、継続的に進めていかなくてはならない」というものである。あとは、それぞれの教師の個性や工夫を付け加えていけばいい。

さて、その原則とは何か。最低限の原則を五つにまとめている。

①　学級の仕組みをつくること。
②　学級を集団として高めること。
③　「個別対応」を意図的に行うこと。
④　交流活動を組織すること。
⑤　秩序ある教室をつくり上げること。

この五つの「原則」の中で、私がはっきり意識しているのは、子どもたちを「生徒」させていくことである。「ものを学んでいく」基本的ルールを身につけた「生徒」を育てていくことである。

子どもたちの中から崩れだしている「生徒意識」をこの原則を通じて取り戻していきたいという願いを持っている。

教師論ノート❶

〈身につけたい仕事術1〉時間管理をするための手帳術

(1) 自分の時間を早く確保したい

私の一日も結構忙しい。

「遅くまで学校で仕事をしているのではないですか」と言う人がいるが、基本的には五時の勤務時間が終わったら、よほどの仕事がないかぎり帰宅する。でも、学校にいる間は忙しく仕事をする。授業をきちんと五時間か六時間か行い、その間にめまぐるしく仕事をする。最近は、通知表（あゆみ）の作成さえも学校で済ますようになった。

家に学校の仕事を持ち帰ることはほとんどない。「ベテランだから、そんなことができるんですよ」と言われそうだが、若い頃から、基本的には、そのようなスタンスで生活をしていた。一日の時間をのっぺらぼうに過ごすことが嫌いであった。だから、とにかく早く〈自分の時間〉を確保したいという思いが強かった。

そのために必要だったことは、時間管理であった。短い時間をどのように効果的に活用していくかをいつも考えていたように思う。そして、「仕事をもっと簡単にできる方法はないものだろうか」といつもいつも考えてきた。

まず、教師術として身につけたいことは、この時間管理なのである。

⑵ 決め手は、手帳術

北海道の年若き畏友である堀裕嗣（中学校教師）に『学校五日制・教師の仕事術』（明治図書　堀裕嗣編・研究集団「ことのは」著）という著作がある。

彼は、この本の中で仕事に追われ、時間に追われて毎日へとへとになって生きている教師たちに欠けているものを二つ挙げている。

① 「時間を生み出す」という発想
② 校務を能率的に処理するための知的能力

そうならないための条件として、堀もまた、第一に、**「自分の時間を管理する」**必要を説いている。彼の仕事術は、これからの若い先生たちにぜひ学んでほしいことである。

それでは、時間管理することとは何か。それは、手帳術なのである。自分なりに手帳を作り、どのように「時間管理」を行うかが決定的に大切なことである。

⑶ 手帳術の条件

誰でもが一応手帳（ノートなどを含めて）を持ち、それなりに時間管理をしていることも確かである。

しかし、その手帳である。中味は、一カ月の行事予定が書かれてあり、その中に自分の予定が含み混まれている。いつもはカバンにしまい込まれてあり、必要に応じて眺める程度である。そんなことが平均的な手帳の使い方であろう。これで「時間管理」をしていると考えているなら、大変な誤解である。

「時間管理」をする手帳術には、実は次のような条件が必要である。

①　手帳は、いつも手元においておかなくてはならない

手帳は、常に持ち歩き、いつも手元においておかなくてはならない。私は、教室でもその日の予定のページを開き、いつも教師机のそばにおいてある。予定を確認しながら進めている。すぐ書き込んだり、確かめたりすることができなくてはいけない。

②　手帳には、「期限つきの予定」を必ず書き込んでおく

行事予定だけを書く手帳ではだめである。必ず「期限つきの予定」を書いておかなくてはならない。担任教師の場合、提出物が多い。必ず、期限がある。自分が担当している仕事もある。たとえば、教務主任の仕事をしている場合、月々の職員会議をどのように企画していくかの仕事がある。

◎　職員会議の二週間前頃に○月の「職員会議の予定」のプリントを出す。↓きちんと手帳には、○日に「職員会議向けのプリント配布」と書いておく。
◎　提案者には、締め切りをきちんと明示したプリントにする。↓手帳に記入
◎　職員会議の一日前には、提案する先生が出してくれたプリントを綴じ込む作業がある。↓手帳には「職員会議プリント綴じ込み」と書いておく。

◎　司会、記録の担当者に記録簿を渡して、お願いする。↓手帳に記入

少なくとも、○月の職員会議を開いていくためには、教務主任は、この四つのことを手帳に記入されてなければいけない。これが「期限つきの予定」である。このような予定は、いくつもあるはずである。

この記入は、私の場合、職員会議で、提案と同時に手帳に記入するようにしている。

③一日単位で確認していく

私は、時間管理の基本は、あくまでも一日なのだという考えを持っている。

図1―1のような一日の計画をしたためて、毎日を送っている。大学ノートに貼りつけて半年分のノートを持っている。書き出した項目を一つ一つ処理していく。寝る前に今日一日の計画が全部処理されているとき、しばし満足感に浸る。今日一日のために、とにかく全力で駆け抜ける。

そんな生活を送るようになって私の手作りの手帳は、とても貴重なものになった。だから、手帳は、どうしても一日がきちんと明確になるものでなくてはいけないと考えている。

図1―1　1日のスケジュール

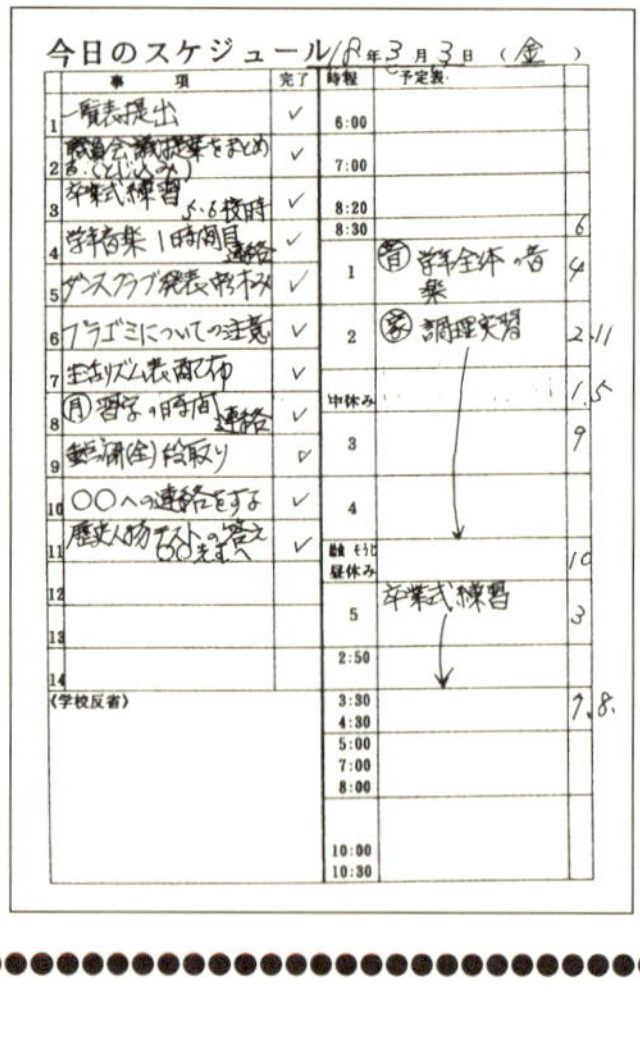

第2章 事前に準備する心得2つ

【この章でのポイント】

この本を手にしてくれる教師志望の人たちへ、この章を設けている。

学校の現場は、大変なあわただしさに覆われている。学生の頃にはとても予想できなかった殺人的なスケジュールに追いまくられていく。

しかも、現場では、心得なくてはいけないことがいくつかある。そのことを知らなくては、途方に暮れてしまう。

この章では、子どもとの対応にしぼって、きちんと事前に準備しておくこと、心得ておくことを指摘しておきたい。

1 〈心得1つ目〉〜始業式までに準備すること〜

(1) とりあえず準備する3つのこと

「どんな学校に赴任できるのだろうか」「クラスは何年生だろうか」「クラスの子どもたちはどのように受け入れてくれるのだろうか」「私の教え方が子どもたちに通じるのだろうか」……。初任者のはじめは、さまざまな思いが交錯する。

しかし、赴任校が決まり、その学校に赴任するやいなやあわただしい新学期に巻き込まれていく。もはやゆっくり学級のことなど考える余裕はない。もう走り出しているのだ。赴任校が決まったら学級のことを準備しておこうなどと思っていたら、もう手遅れである。

どんなベテランでも、春休みの間に次年度の構想を練る。(少なくとも私はそうだ。)初任者なら、採用が決まった段階から準備していかなければならないことがある。それは、次のことである。

① 学級の仕組みづくりを考えておくこと

始業式から五月の連休がくる間の一カ月。これがとりあえずの勝負だ。五月の連休までで学級の仕組みづくりは、もう終わりだと思わなくてはいけない。

　これは、初任者だけでのことではなく、ベテランでも同じことである。「どんな本を参考にしたらいいですか？」となるところだが、適切な本がない。だから、本書の第3章で、それを明らかにしておきたい。

②　子どもへの基本的な対応の仕方を知っておくこと

　子どもたちへの指示の出し方、話の仕方……、すべてにおいてちゃんとした「技術」がある。それをすぐ実践できなくても、知っておくことは重要なことである。（実際には、知っていても実践できないことが数かぎりなく出てくる。）

　向山洋一氏の『授業の腕をあげる法則』『子どもを動かす法則』（いずれも明治図書教育新書）の二冊は必ず目を通しておくべき必読書である。

③　日々の時間管理をする手帳を準備する

　学級を受け持つのである。初任者だという言いわけは通用しない。押し寄せてくる仕事の数々をこなしていかなくてはいけない。学生時代の気ままな態度はもう通用しない。

　私は、日々を乗り切っていく手帳を準備していくことがとても大切なことだと考えている。それもちゃんと考えられた手帳である。

　私がどのような手帳を準備しているのか、〈身につけたい仕事術1〉（25ページ参照）を参考にしてほしい。

(2) 子どもについてもっと知ってほしいこと

子どもたちが変貌していることについては、第1章で書いている。

初任の先生たちは、子ども理解をどこで得ているのだろうかと思うことが多々ある。「子どもは天使である」と大学で教えられたと複数の初任者から聞いたことがある。もちろん、その初任者たちは、現場での子どもたちがあまりにも天使からかけ離れているので愕然としてしまう。

教育界は、きれいごとが多すぎる。理想論が多すぎる。この「子ども天使論」も、きれいごとの理想論にもとづいた子ども礼賛主義の一つである。

現場で教師を何カ月かやってみると、そんな天使論ではにっちもさっちもいかないことはどんな教師でもわかる。美しい言葉にごまかされないようにしたい。

教育界は、「自ら問題を発見し、自らその解決にあたり」「自ら思考し、自ら判断する」「子どもの興味関心を大切にし、子どもが主体的に考えていく」……というような言葉が氾濫している。いやむしろ、これらの言葉が学校現場を覆っていると考えていい。

「子どもは本来的に善を求め、善のために努力する存在である」という子ども観が、その底流にある。しかし、そのような子どもは、ごく一部の子どもたちであって、ほとんどの子どもたちは、そんな子ども観と無縁である。

大多数の子どもたちは、〈善〉も行うし、〈悪〉も行う平凡さを生きている。だから、教師の対応によって、子どもたちは大きな違いを見せる。

2 〈心得2つ目〉～基本的な子どもへの対応～

何人かの初任者に「子どもたちがこんなに話を聞けないなんて思いませんでした」と聞いたことがある。

子どもたちは、ありきたりな話にはほとんど耳を傾けない。話がつまらないとおしゃべりを平気でするし、手いたずらもする。また、聞いたふりをしてその場をごまかす。それが現実の子どもである。

ところが、子ども天使論を持っていると、そのことは子どもの問題ではなく、教師としての自分の責任になる。過度に教師としての自分を責める。「こんなに私の話を聞けないのは、きっと私の話がへたなためである。やはり、私は教師に向いていないのだ……」と。そして、責任を感じて教師を辞めていくことになる。

教師としての力量がないのは、当たり前である。教師は誰でもがその道を通過して一人前の教師になっていく。

そこで、私は、初任の先生に子どもへの基本的対応を二つ指摘したい。

(1) 子どもと遊ぼう

子どもたちは、初任の先生が担任だとわかったとき、とても歓迎する。子どもたちは、「若さ」が大好きなのだ。

しかし、最近は、この「若さ」を武器に子どもたちに迫っていく若い先生が少なくなった。初任者が、ベテランの先生たちに、授業技術や学級経営などでかなうはずはないではないか。でも、同じクラス担任を引き受けている責任感から、ベテランの先生と同じように悪戦苦闘をする。

それは違うと言いたい。教師としての力量は、徐々につけていく以外にない。今できることは、子どもたちが好きな「若さ」を武器に精一杯子どもと遊ぶことではないか。ベテランの先生が、やっていないことはこの子どもと遊ぶということなのだ。

もちろん、数多くの研修と学校の会議や行事の多さは、子どもと遊ぶ時間さえも奪っていることは十分承知している。そんなことを嘆いても現実は仕方ない。

ちょっとした時間。子どもたちと一緒に遊ぶ。それを積み重ねることである。

私が指導教官をした初任の先生は、一年間ずっと中休みは子どもと遊び通した。だから、クラスも荒れることもなかったし、子どもたちにも慕われていた。

やろうとしたらできないことはないのである。それが若さである。

(2) カッコつけずに叱ろう！

子ども天使論を大学で教えられてきた先生たちは、どうしてもこの**「叱る」**ということに抵抗がある。「子どもたちは、ほめて育てよう」という教えも、大学で教えられた教師論の原則であるからなのだろう。「ほめて育てる」ことができるのは、一人ひとりの子どもが見えてきてからである。

「子どもはほめて育てる」のだと教えられてきているので、ただただ「ほめる」ことを連発する。しかし、子どもたちは、口先だけだとすぐ見抜く。それでも先生は、効き目はないのに「ほめ言葉」を連発する。子どもたちは、ますます先生から離れていく。

もう一度言う。「ほめ言葉」が子どもの中で「意欲」や「やる気」につながるには、先生と子どもたちとの関係ができていて、子どもたちにその「事実」がほんとうにあるときだけである。やみくもに「ほめ言葉」を連発すれば、子どもたちが教師から離反していくことも知っておかなくてはならない。

こういうことは大学では教えない。「ほめ言葉」がきちんと使えるようになるには、子どもたち一人ひとりが見えてくるときなのだということである。

そんなことよりなにより私は、「カッコつけずに、子どもたちが悪いことをしたときにはきちんと**叱れ！**」と指摘している。

きちんと叱ることができて、初任教師は子どもたちと対等に接することができるようになる。

教師の力量ができてくれば、叱らなくても子どもたちを動かすことができるようになってくるのである。

力量がないのに「叱る」ことをやらないのなら、すぐに教室は荒れていくことを覚悟しなくてはならない。そんな若い教師は私は何人も見てきている。

子どもたちは簡単である。教師の対応をじっと見ているのである。悪いことをして叱られないならば、子どもたちはますます行動をエスカレートさせていく。

⑶ まず身につける3条件

荒れている若い先生たちの教室をのぞく。気づくことは、三つのこと。

① 子どもたちへ視線が向けられていない。
② 子どもたちへの指示で、一時に一事の原則が守られていない。
③ 声が小さい。

①は、もちろん若い先生たちだけの現象ではない。荒れているクラスの先生たちは、総じて子どもたちへ視線を向けていない。
教師は、いつも子どもたちに視線を向けて話をしなくてはいけない。教師が話しているとき、誰が誰と話しているのか、手いたずらしているのは誰か、虚ろになって話を聞いていないのは

誰か……。そんな子どもたちを瞬時に把握できるようにならなくてはいけない。

そして、そんな子どもには「○○さん、わかりましたか」と名前を呼んであげなくてはいけない。繰り返し名前を呼んでやれば、「先生は、僕のことをいつも気をつけて見ているのだ」となる。この積み重ねは、大きい。教室は、落ち着いた雰囲気を保ってくる。

しかし、これは簡単にはできない。きちんとした修業が必要である。

②は、向山洋一氏の『授業の腕をあげる法則』（明治図書教育新書）で取り上げてある法則の一つである。

『一時に一事を指示せよ』

子どもたちに指示を与えるときの基本原則である。同時に、二つも三つもの指示を与えてはいけない。」

これも簡単なことではない。よほどの修業が必要である。

私たちは普通に「教科書の29ページを開けて、問題の2番をやりなさい」と指示を出している。必ず隣の子に「何ページ？」「何番の問題をやるの？」と聞いている子どもが何人も出てくる。教室にざわつきが起こる。

それを見て、教師は「今言ったでしょう。よく聞いておきなさい。もう何度も言いません。教科書の29ページの問題の2番をやりなさい。さっきもそう言ったでしょう。ちゃんと聞いておくの。わかった？　返事は？……」と繰り返す。

これは教師に問題があることがわかっていない。
つまり、一時に一事の指示を出さなくてはいけないという技術を知らないのである。
一時に一事の法則を適用した場合、次のような指示になる。

A「教科書を出しなさい」
B「29ページを開きなさい」
C「問題の2番をやりなさい」

Aの指示を出し、全員ができたのを確認して、Bの指示を出す。そして、Bの指示が全員できた後にCの指示を出すのである。
ただこれだけのことである。この指示をきちんと適用できていけば、子どもたちは実にスムーズに作業に入っていける。ざわつきがなくなるので、落ち着いた雰囲気のクラスができあがる。
③については、あらためて言うことはない。子どもへ怒鳴る必要はないが、クラスのすべての子どもに届く声の大きさを保持しておかなくては教育活動そのものは成り立たない。
最近、先生たちの声がか細くなっているのが気になる。

教師論ノート❷

〈身につけたい仕事術2〉システム思考を身につけよう

(1) 子どもたちに任せていくこと

現場で生きるというのは、ささやかなことに喜びを感じ、細部にじっくりと取り組んでいく心意気であると、私はいつも思っている。それは、あるときには、子どもたちに同じことを毎日指導していて、なんとかうまく言わないで済ませる方法はないもんだろうかと思案に暮れているときに、ふと考えつく発想である。そして、実際にそれを実践してみて、「してやったり！」とうまくいく場合の喜びである。

私は、三十五年間の教師生活の中で、いつも心がけてきたことがある。それは、次のことだ。

① 「困った」「うまくいかない」……ということには、必ず解決法がある。何かの工夫で切り抜けられないものか、と発想する。
② できるだけ教師が手をかけないで、子どもたちにやってもらう（子どもたちに自主管理させる）方法はないものか、と発想する。

教師は、教室の中の統率者である。だから、すべてのことを仕切りたくなるし、一々指示を出し、指導したくなる。子どもたちも、それに従っている方が楽だから、先生の指示待ちになってしまう。その結果、教師が声をからして、一日中指示を出さなくてはいけなくなる。初任者が、三日目ぐらいに声が出なくなるのはこのためである。

私も、最初は、こういう場所から出発した。しかし、先の二つの発想で切り抜けられるようになり、ずいぶんと教師生活が楽になった。「怠け方が上手になったね」と揶揄されそうだが、実はそうである。いつもいつも全力を尽くしてなどいられない。そうする必要もない。肝心なことは、どうしても教師が乗り出さなくていけないこと、子どもに任せていくこと、さらりと済ませていくことをきちんと区別しておくことなのだ。

⑵ システム思考の活用

たとえば、次のようなことがあった。

私のクラスは、給食当番が、給食を配る間に邪魔にならないように係活動（会社活動と言っている）をしていいことになっている。将棋会社は、将棋をやっていいし、トランプ会社はトランプをやっていいことになっている。その会社に入っている子どもたちは、思い思いにその活動を楽しむ。ところが、給食時間を食べ始める十二時三十分になっても、その子どもたちは、その活動に夢中になって手を洗いに行くことができない。そこで、私から、毎回「もう給食を食べる時間だからやめなさい」と声をかけられる。

活動をやめさせることは、簡単である。一切、給食の時間は、席について離れないようにすればいいのである。しかし、子どもたちにとって、隙間の時間を生かした、ちょっとしたこういう交流活動は、貴重なのである。そこで、どうにか私が声を毎回かけないで済ます方法はないものだろうかと考え始めた。

あったのである。それは、簡単なことで解決できた。日直の仕事の一つにすればいいのだと考えついたのである。つまり、給食が配り終わる時間（それは、だいたい十二時三十分頃になる）に、日直が給食当番でない子どもたちに「手を洗いに行ってください」と呼びかける仕事である。

見ていると、日直は、係活動をしている子どもたちに向かって、大きな声で、「手を洗いに行ってください」と指示を出している。子どもたちはすぐ片づけて手を洗いに行く。「なあんだ。こんなことなんだよ」と私は、ものすごく納得したことがあった。それ以来、私は、係活動をしている子どもたちに声をかけることはない。日直が、すべてをやってくれるのだ。「なあんだそんなことか」と笑われる一幕であろうか。

お気づきだろうか。ここで発想したのは、「日直のシステムを活用しよう」ということであった。子どもたちが活動する流れのシステムにどのように入り込めるかどうかを考えたのである。私は、**「システム思考」**と位置づけている。

この思考を使うといろいろなことがうまく回転していく。とても便利なものである。

⑶　日常生活に利用する

このシステム思考は、日常生活にも活用できる。

たとえば、次のようなことを先生方は、いつやられるのだろうか。

① 出席簿（公簿）をつけること。
② 出勤簿に捺印すること。

ほとんどの先生方は、まとめてつけている。あるいは催促されてつけているということがあるはずである。システム思考を身につけていないといつもこのようになっていく。私は、次のようにいつもしている。「朝の儀礼システム」にこの二つは位置づけている。

朝、出勤札を返す ↓ 自分の机に行く ↓ ハンコを取り出す ↓ 出勤簿に捺印する ↓ チャイムの確認（教務係）↓ 出席簿を取り、昨日の出欠席を書く

これは、誰でもがどこかできっと繰り返している行為を意識的に適用していることに過ぎない。この意識的に繰り返すということが大切なことである。だから、出勤簿の捺印も出席簿の出欠席の記入も、ためこんで行ったことはない。

「時間を生み出す」ためには、このようなシステム思考を身につけていくことである。

第3章 学級の仕組みづくりのコツ

―3・7・30の法則―

【この章でのポイント】

学級は、始まって一カ月がもっとも大切な時間である。この時間帯にどのような布石が打たれるかで一年間を決定してしまう。そのくらいに重要な時間帯であることを肝に銘じなくてはならない。

ここでは、この時間帯に私がどのような手立てで、どのような実践をしたのかを明らかにしている。

平成十七年六年生の担任のときの実践である。

1 学級の仕組みをつくる「3・7・30の法則」

五年から六年へ持ち上がった。

といっても本校は、一年ごとにクラス編成があるので、半分が五年生で受け持っていた子どもで、あとの半分が隣のクラスの子どもたちである。（本校は、六学年二クラスである。）これはとてもむずかしい。さて、どうしていこうかと悩んだ春休みであった。

そこへちょうど、読売新聞「教育ルネッサンス」の丸岡記者から連絡があり、「先生の3・7・30の法則の最初の部分を取材させてもらえないか」と取材依頼があった。

〈3〉の三日間、〈7〉の最後の一日間（一週間の最後の部分にあたる）である。

「新しいクラスを受け持った場合ではなく、半分は昨年度受け持っている子どもたちのクラスです。変則的ですが、それでもよかったらどうぞおいでください」と引き受ける。

新しいクラスを受け持った場合の「3・7・30の法則」の適用については、すでに自著『困難な現場を生き抜く教師の仕事術』（学事出版）で明らかにしているので、それを参考にしてほしい。

さて、私の造語である「3・7・30の法則」について説明しておこう。

〈3〉とは、三日間のこと。〈7〉とは、一週間のこと。〈30〉とは、一カ月のことである。

それぞれの日数によって、学級づくりのポイントがある。

今までの経験によれば、五月の連休までの一カ月で、クラスづくりの八〇％が終わってしまう。よほどの力量がないかぎり、これ以降に〈**この時間**〉を取り戻すことはむずかしい。そのくらい大切な時間であることを認識しておいてほしい。

大切なことは、二つある。

① 〈3〉の三日間。〈7〉の一週間。〈30〉の一カ月間は、それぞれ重複しているが、その時間で果たさなくてはいけないきちんとしたポイントがある。
② この三つの中で、〈どこの時間〉に一番気をつけなくてはいけないか。
〈3〉だと答える人は多い。法則化運動で有名になった三日間だから、そのように認識されている。私は、むしろ〈30〉だと思っている。なぜか。

〈3〉と〈7〉は、どの教師もとても緊張した時間として過ごしていく。（もちろん、中味の差はあるが。）しかし、この時間が過ぎてしまうとほっとしてしまう。だから、〈3〉〈7〉で作った学級の仕組みは、きちんと確立しないままにいい加減になってしまう。〈30〉で繰り返し繰り返し指導しなくてはいけない。

(1) 〈3〉の法則（最初の3日間）

《ポイント》

A 「今度の先生は楽しそうだ」「今度の先生は、おもしろそうだ」というイメージを与える。

B 学級の仕組みのまず第一歩を作る。

今年度（平成十七年度）事前に準備した計画は、表3－1の通りであった。

さて、どのように三日間は進んでいったのか、その様子を書き抜いておきたい。

表3－1　3日間のスケジュール（予定）

	5日(火)	6日(水)	7日(木)
1	着任式 始業式	・挨拶、返事、あとしまつ ・呼名 ・あらためての自己紹介（スマートボードで行う）	・朝の会 ・呼名 ・当番、教科の係決め
2	担任発表（担任自己紹介、呼名、プリント2枚配布、靴箱確認、明日の予定）	・荷物運び（前教室から） ※ただ運んでくるだけでなく、片づけまで行う。	・野中先生の初恋 スマートボードで6年生のときの写真を出す。
3	入学式	↓ ・教科書を持ってくる。 教科書への記名	・先生が大切にすること ・屋上で返事の練習
4		・掃除の仕方の指導（ぞうきん、ほうきの使い方）	・国語の授業1時間目

〈ドキュメント3日間〉

1日目　校庭で、着任式、始業式が行われる。

○　始業式で担任紹介がある。自分に対する反応を見る。

○　始業式が終わって、クラスごとに集まる。昇降口の近くに連れて行く。

項目	教師の働きかけ	留意点
担任自己紹介	また六年生の担任になりました。二つの袋があり、その袋の一つが六年二組でした。校長先生から提示された一つの袋をとったら、それが六年二組だったというわけです。半分の人が、もと五年一組、あとの半分が五年二組です。「五年一組はいいな。もう野中先生に慣れているもんな」という人がいるかも知れません。しかし、心配はいりません。もと、五年一組の人は、また同じことを話しているなと思うかも知れませんが、最初は、その同じことを話します。はやく全員が六年二組になるまでそのようにしていきます。	
呼名	名前を呼びます。大きな声で返事をしてください。もし間違	・小さな、聞こえ

	っている場合は、すぐ違いますと言ってください。	ない声で言う子、元気な声で言う子をきちんとチェックする。
プリント配布	☆離任式のお知らせ、学校だよりのプリントを配布。	
靴箱の確認	明日からの靴箱は、今までと変わります。今まで六年生が使っていた所です。番号を貼っておきますので、そこへおきます。番号を忘れた人は聞きにきます。	・靴箱や机をきちんと指定しておくことは子どもを安心させるために絶対必要。
明日の予定	明日の予定を言います。 指を折って、一つずつ確認していきます。 指を折ると、頭の中に入っていきます。 一つ目、教科書を渡します。 名前を書きますから、サインペンと名前の練習をする自由帳を持ってきます。 二つ目、掃除をしますので、ぞうきんを忘れないようにします。 三つ目、だから持ってくる物は、てさげ、ぞうきん、サインペン、自由帳、連絡帳、筆箱、防災ずきんです。 忘れないように。	

項目	教師の働きかけ	留意点
	四つ目、朝教室へ来たら、机に名前が貼ってありますから、そこへ座ります。	

2日目

○　朝、教室へ行く前に靴箱の確認をする。（私は、靴箱の確認は毎朝行う。靴の入れ方で、その子の生活の様子がわかってくるからである。）上履きを持って帰らない子ども（基本的には、一週間経ったら、持って帰って自分で洗ってくることを指導する）の様子を見る。指導は、付箋紙を靴に入れておいたり、学級指導をしたりする。

項目	教師の働きかけ	留意点
朝 1時間目 2時間目 「挨拶、返事、あとしまつ」の指導	☆「おはようございます」と元気な声で教室へ入る。 今から五〇年前に京都大学の先生で森信三と言われる先生がいました。その先生は、「子どもは、三つのことができればしっかりした子どもになる」と言われて、多くの先生がそれを確かめました。本当だったのです。 今では、全国の先生たちの常識です。 その三つとは、何だと思いますか。	・あいさつ、返事、あとしまつを教

呼名

今、私は、教室に入るとき、「おはようございます」と言いましたね。それに、きちんと答えてくれた人がいました。とてもいいです。明日からは、みんなも教室へ入るときには、元気に「おはようございます」と言うのですよ。教室にいる人は、それに答えてあげるのです。このクラスの目標を「あいさつをしっかりしよう」にしましょう。

次は返事ですね。

名前を呼びますから、元気に返事をします。合格の人は合格と言います。

える。

・目標を準備しておく。

・個別評定をする。返事も大切である。一年間、テストの返却のとき、一人ひとり名前を呼んで、返事をさせる。きちんと返事をしないと返却しない。

1時間目 あらためて自己紹介

野中先生の自己紹介をくわしくしておきます。

春休みに荷物の片づけをしていたら、小学校のときの写真が出てきました。

・スマートボードを使う。

まず、二年生のときの写真です。一クラス全部で五十六人いました。野中先生はどこにいるでしょうか。（前の方に子どもたちを集める。）

私は、これです。親友の○○君はこの子です。この先生が○○先生です。親友の○○君と二人でこえだめに落ちた事件は、五年一組だった人には話しましたね。小学校五年生のときの写真はこれ。小学校六年生のときの写真が、これです。小学校で夢中になっていたことは、めんこやビー玉、魚釣り、セミ・トンボ取り、そしてかけっこでした。かけっこは、朝早く起きたら、お堀一周してくると決めていて、よく走りました。

小学校四年から中学校一年生までをゴールデンエイジ時代と言います。この時に夢中になったことは、大人になった時に生きてくるのですよ。サッカーでも、野球でも、プロになれなくても、大人になったときに生きてくるのです。イチローは、この時代三六五日バッティングセンターに行って打ち込みをしておりました。それが今生きているのです。だから、イチローがニューヨークの小学校へ行って、小学校で一番大切なことは何ですかと聞かれて、「目標を持ってがんばりぬ

・写真を拡大していく。
・次々に写真を見せていく。
・ゴールデン時代の大切さを教える。

くこと」と言っています。野中先生は、この時代かけっこをよくやっていましたので、高校時代は陸上部に入り、四十歳の時にまた走り始めようと思って、フルマラソンを十回ぐらい走りました。五十歳までの十年間続けました。そのときの写真です。とても幸せでした。先生をやめたら、世界のマラソン大会に参加してみたいと思っています。だからみんなの時代は、いい加減に生きたらダメですよ。夢中になって続けられるものがあったらいいですね。

・マラソンを走っている写真を見せる。

2時間目

今から野中先生の前の五年一組から荷物をこのクラスに運んできます。六年生になったんですから、ただ運んでくるだけではいけません。どこに片づけたらいいのか考えて、しまいます。どうしていいかわからないのだけ先生に聞きます。

・半分の子どもたちが持ち上がりだから、この場合は大変助かる。一気に片づいてしまった。

3時間目 教科書運び

☆図書館から教科書を持ってくる。

一冊ずつ上へ挙げさせて、持っているかどうか確認する。その後、一冊ずつ名前を書いていく。

・きちんと確認することが大切。名前もこのときに自分で書かせ

4時間目 **掃除の指導** **明日の予定**	☆ぞうきんとほうきの指導をする。 　役割分担をする。 昨日、指を折って頭の連絡帳に先生が言ったことを書きましたね。忘れ物を一つもしなかった人は手を挙げなさい。すばらしい。明日も、一つも忘れ物がないようにしましょう。 明日の予定を言います。 一時間目は、当番決めをします。 二時間目は、先ほど見せた六年生のときの写真に、なんとなんと初恋の○○さんが写っていたのです。だから、その写真を見せながら「野中先生の初恋」を話します。 三時間目は、「先生が大切にしたいこと」を話した後に、屋上で返事の練習をします。 四つ目は、明日の持ち物です。国語の教科書、ノート（ノートは五年生のときのノートを引き続き使いたい人はそれでいいです）連絡帳、宿題の作文です。	る。 ・指示をしたことはこのようにきちんと確認をしてきちんと認めておくこと。

3日目

○　２日目と同じように元気に「おはようございます」と言って教室へ入る。

○　宿題の作文をかごに入れさせる。

項目	教師の働きかけ	留意点
朝の会	☆全員起立。 今日、教室へ入るとき、「おはようございます」と言って入った人は座ります。きちんと昨日先生が言ったことを実行に移した人です。偉いですね。こういういいことはすぐ実行に移しましょう。 立っている人は、明日は必ず実行に移しましょう。座りなさい。	
呼名	☆昨日と同じように合格を言う。	
1時間目 当番、教科の係決め	当番を決めます。この当番というのは、このクラスの中でどうしてもこの仕事をしないとこのクラスがうまく動いていかないという係のことです。 前の五年一組では、こんな当番がありました。（昨年の例を出す）一人ずつ何かの仕事をします。 その仕事をしたら、このカードを裏返しにします。 （**※次項⑵〈7〉の法則**でくわしく説明する。） ☆当番の説明を一つずつする。クラスの人数が入るよう	ごみ袋当番、電気当番、窓開き閉め当番、図書当番、配ぜん台当番、黒板当番、日付当番、ティッシュ当番、タイム当番、鉛筆当番、マスク当番、

に割り振る。（一人一役）

☆磁石のネームカードを使って希望で決めていく。

希望が多いところは、じゃんけん。

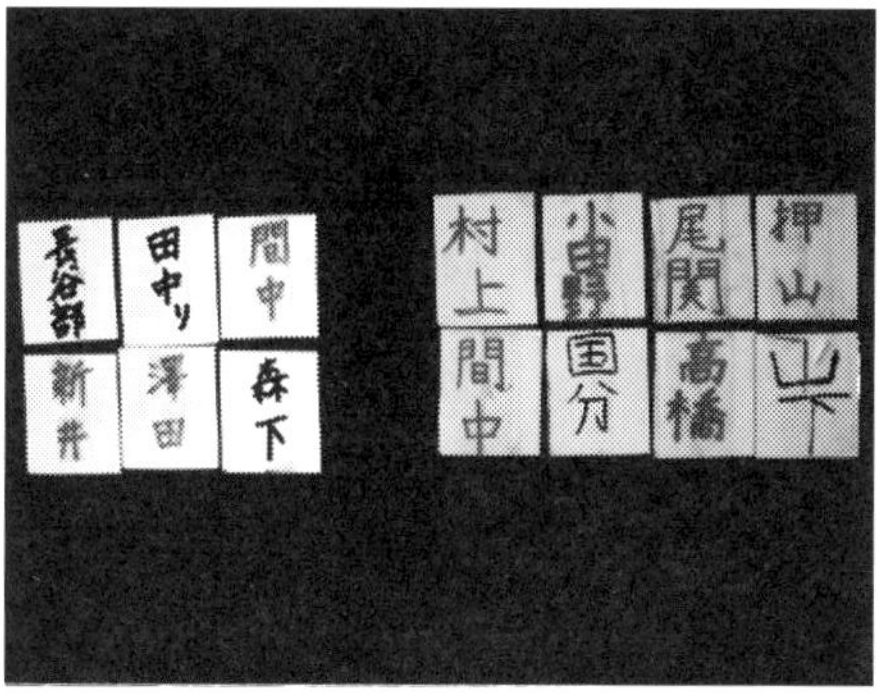

呼びかけ当番、落とし物当番、分別当番

※プリント配布当番は、仕事が多いために当番にしないで、班の中で、順番に背番号をつけさせて、「背番号1、2番来なさい」というように指示をする。）

2時間目　お話をする

きのう約束していた「野中先生の初恋」についてお話しします。（スマートボードをスタートして、六年生のときの写真を写す。）さて、この写真で、野中先生の初恋の人はどの人でしょうか。（子どもたちは、すぐ目につく女の子を当ててしまう。）

そうです。この人です。この人に私は、一目惚れをしてしまいました。転校生だったのです。確か東京からお父さんの仕事の関係で転校してきたのです。そのときのことを作文にし

・子どもたちにとってこういう話はとても興味をおぼえる話である。

てきました。読みます。

野中先生の初恋

5年生のとき、私のクラスに転校生が来た。女の子だと言う先生の言葉にわくわくした。「やったあ、女の子だ！」と叫びはしなかったが、心の中で静かに思った。教室へ入ってきた子は、目がくるりとしたかわいい女の子だった。ほっぺにそばかすがあって、それが素敵に見えた。

彼女がよろしくお願いしますと挨拶したとき、びっくりした。言葉がふつうじゃないのだ。佐賀弁（佐賀の方言）ではなく、ななんと東京弁だった。その挨拶に私はうっとりした。

「うわあ、女の子ってこんなにステキな言葉を話すんだ」と目が点になった。名前も今でもはっきりおぼえている。○○○○。なんとこころよいひびきだろう。その瞬間からまわりにいる女の子たちがださく見えたこと。

早熟だった私は、その日から○○ちゃんをすっかり好きになってしまった。学校へ来ると、まず○○ちゃんがどこにいるか、そっと確認して席に着いた。それまでは隣に座っている△△ちゃんが大好きだったが、もうどうでもよくなった。

私達のクラスでは、よく男女でドッジボールをして遊んだ。○○さんが

3時間目

参加していると、進んで参加した。ところがである。なんということだろう。私は、その○○さんばかりに当ててしまうのだ。集中ねらいだった。

わけがあった。私が、○○さんを好きだというのを人に感じられないようにわざとそうしたのであった。○○さんを集中ねらいして、「おれは○○なんか好きじゃあないんだぞ」と示したかったのである。何たる男のばかばかしさ。しかしである。また、何たることか。男どもは、私と同じようにに○○さんを集中ねらいしているではないか。……「おれだけが好きなんじゃないんだ」……がくぜんとした。でも、今でも「野中君！」と呼んでくれたあの甘い声が私の耳に残っているのである。


これから一年間みんなと一緒に生活していきます。そこで、私がとても大切にしていることをお話しします。三つあるのです。

まず第一に大切にすることは、いじめを許さないことです。これをする人には、野中先生はもっとも怖い先生になります。野中先生には気づかないだろうからとこそこそ人をいじめる人がいます。でも、私は、必ずさがし出します。絶対にいじめを許さないのです。

第二に、言葉を大切にすることです。

人間は、言葉をしゃべってお互いに自分たちの気持ちを伝え合います。この言葉が荒れてきますと、その人はだんだんだらしない人になっていきます。野蛮人みたいになっていくのです。だから、言葉遣いに気をつけることです。人に対して、「てめえ、ばか、死ね」などの言葉をよく使う人は注意していかないとだんだん野蛮人みたいになっていくのです。

第三に、間違いやできないことを恐れないことです。手を挙げて発表したりするとき、正しいことしか発表していけないと思っている人がいます。また、間違ったら周りから笑われるからと思って手を挙げない人がいます。この六年二組の人は、そんな人がいなくなるようにぜひ願っています。

☆この話の後、大きな声で返事ができるように屋上に連れ出して「返事の練習」をする。

・本校の課題である。日常的な会話として荒れた言葉が横行している。それを改めていく試みである。目標にあげたり、授業中に取り上げたりして指導していく予定である。

・子どもたちの声が小さい。本校では、全クラスが授業の最初五分間に音読の練習をする。

4時間目

☆国語の時間の1時間目。

表紙の詩「銀河」を授業する。

⑵〈7〉の法則（最初の1週間）

《ポイント》
Ａ　朝、学校へ来てから帰るまでの「学校の毎日」の仕事を決めてしまう。
Ｂ　子どもたちにきちんと指導する中で、ポイントになることを押さえる。

学校の毎日は、とても忙しい。学校へ来てから帰るまでのことと言えば、とりあえず次のようになる。

①　朝教室へ来たら…、
②　朝会、集会への参加をどうするか。
③　朝自習をどうするか。
④　朝の会をどうするか。
⑤　授業の準備をどうするか。
⑥　中休みの過ごし方をどうするか。
⑦　専科の授業への参加の仕方をどうするか。
⑧　給食当番の仕事をどうするか。
⑨　給食の待ち時間と食べ方をどうするか。

⑩ 昼休みの過ごし方をどうするか。
⑪ 掃除の仕方をどうするか。
⑫ 終わりの会をどうするか。

この一週間の最大の課題が二つある。この二つの課題は、教室に「集団力」を発揮させていくものである。これを確立すれば、教室は見違えるように落ち着いてくる。

1つ目は、子どもたちに**自主管理を確立する**方法を教えること。**（自主管理の原則）**
2つ目は、子どもたちが**一人一役の仕事を**確実に果たす方法を身につけること。**（一人一役の原則）**

① 自主管理の原則

この原則は、教室の毎日を教師に頼らないで（教師が声かけしないで）子どもたちが自分たちで進めていく方法を身につけることである。

この方法を身につけることにより、教室は、たいへんスムーズな日常に変わっていく。教師も大変楽になる。教師の声かけがほとんどなくなるのである。教師は、ポイントの指導に専念していける。

この原則を身につけるために、**「日直」**（二人）を作り、彼らに毎日の仕事を進めさせる。一つの原則を徹底させるためには、必ず一つの明確な表示が必要になる。

私のクラスでは、下のような表示札（日直黒板）を作っている。

・時間を記入しているのが、ポイントだ。子どもたちに時間感覚を身につけさせていくことは、もっとも必要なことである。

・日直は、一つ一つの仕事を果たしていくごとに表示札を裏返しにしていく。

・この日直黒板は、版画板にフックをつけて簡単に作り出したものである。札は、マグネットを使っている。

②一人一役の原則

この原則は、教室で決められた当番の仕事を全員が確実に果たしていくためのものである。

この当番を決めるまでは、どこのクラスでも行われる。しかし、決められた仕事が確実になされているかどうかはいいかげんである。チェックがなされないためである。だから、クラスでは、真面目で責任感がある子どもだけ

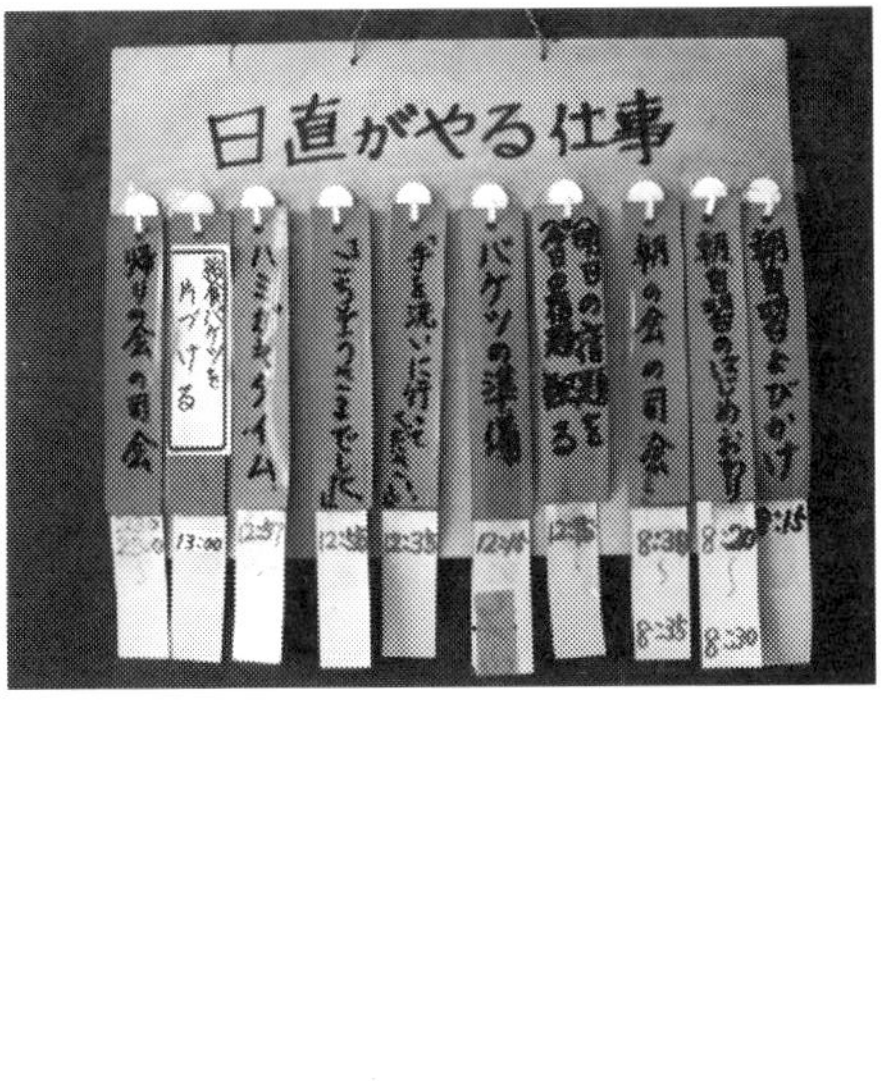

がきちんと仕事をして、いいかげんな子どもは、そのままで終わってしまう。だから、仕事する子どもはして、しない子どもはしないという暗黙のルールが確立してしまう。そのルールは、これからの教室の日常の中でことごとく生きてしまう。これが困るのである。

だから、最初の一週間で全員がきちんと決められた仕事を果たしていく原則を確立する必要がある。もちろん、このためにも明確な表示が必要になる。

・私の教室は、下のような表示札を作っている。すべての当番をマグネットを利用して作っている。教具室から磁石黒板を借りてきて、それを利用する。

・当番をすませたら、裏返すことが約束である。終わりの会で裏返しをしていない札は、日直から読み上げられて仕事をすませていくように指示させる。

さて、現在の私のクラスの日常をお知らせしておきたい（平成十七年度　六年生）。

〈6年2組の1日　ドキュメント〉

項目・時刻	ポイントになること
八：〇〇 **教室へ来たら**	◎本校は、この時刻に開門をする。 ◎まず、提出物（宿題など）をかごに出す。宿題は、名簿に○をする。お金などは直接教師へ渡すので出さない。 ◎朝の当番活動をする。（電気をつける、窓を開けるなど）
朝会、集会	◎八：一五になったら、呼びかけ係（当番）が、「廊下に並んでください」と呼びかけ、先頭で連れて行く。八：二〇から朝会や集会が始まる。（本校は、朝会、集会は、月曜日に行われる。）
朝自習 八：二〇 〜八：三〇	◎八：一五になったら日直が「朝自習の準備をしてください」を呼びかける。（本校は、全体で、月…朝会、集会　火…漢字タイム、　水…読書タイム　木…漢字タイム　金…読書タイム　と決まっている。） ◎日直は、前に出て、朝自習ができない子どもを注意する。
朝の会 八：三〇 〜八：三五	◎日直が司会をして進める。流れるように進めていく。 朝の会を始めます。

欠席の確認
委員会の仕事確認
ハンカチ、ティッシュ調べ
宿題忘れ
今日の予定

欠席をお願いします。（班ごとに班長が「一班○○さん欠席です」と報告する。）
今日の委員会の仕事です。飼育委員会○○さん、お願いします。
（ハイという返事……）
※委員会の仕事も忘れないように、毎日の当番を表示してある。
ハンカチ、ティッシュ調べをします。忘れた人は、手を挙げてください。
宿題忘れの人は、カードを出してください。
先生、今日の予定をお願いします。（ハイと大きく返事）

授業の準備

今日は、一時間目は、国語です。辞書を使いますので、準備します。二時間目は、社会です。江戸時代の大名行列の勉強です。三時間目四時間目は、理科です。理科室で行います。いつものように理科の班です。五時間目は、算数です。今日は、電卓を使いますので算数係は、電卓を準備します。

◎本校は、授業の始めにチャイムがなる。
きちんと始められるようにする。この始めをいいかげんにしない。

中休み

また、授業の終わりもきちんとする。子どもたちの休み時間を奪うことをしないように注意する。
◎本校は、三十分休みである。
全校でグループ遊びをどうしていくかが大きな課題である。
私のクラスは、学級会を開いて子どもたちが次のようにグループ遊びを決めている。

月…日頃遊ばない子どもたちとグループで遊ぶ。
火…一年生と遊ぶ。（縦割りグループで遊ぶ。）
水…自由
木…クラス全体で遊ぶ。
金…給食のグループで遊ぶ

一人で孤立していく子ども、二人でべったりとくっついている子どもに対してグループの輪に引き込んでいこうという試みである。

専科の授業

◎高学年になると、専科の授業が大変である。油断すると、担任のいない所で子どもたちはいい加減な態度をとってしまうことがある。専科の先生といつも連携をとっていかなくてはいけない。

給食当番

◎私のクラスの給食当番は、すばやく身仕度をし、さっさと給食を取り

タイム当番

に行く。もたもたすることはない。

◎タイム当番からタイムをとられている。（このタイムは、記録される。）

「タイム当番は、『今から計ります』と声をかけます。給食当番は急いで白衣に着替えます。先頭の人が、『並んでください』と声をかけます。並んだらすぐに『出発します』と言って出発します。三分を超えないようにします。三分を三回も超えることがあったら来週も給食当番をやってもらいます」と私からきつく言われているためである。食べる時間をきちんと確保するためである。

給食指導

◎一カ月の間は、教師は、並び方、給食の取りに行き方、配ぜんの仕方、食器の片づけ方、食べられないものをどうするか、おかわりの仕方などを繰り返し指導する。

片づけ方の工夫

◎片づけ方が問題である。班の中で、大きいお皿係、パンの袋（牛乳のストローとストローの袋を入れる）係、スプーン係、小さいお皿係などを決めて、その係が片づける。（その係のチェックをきちんとやれば、給食の後に給食のストローなどが散乱している状況はなくなる。）

◎本校は、この後に「歯磨きタイム」（五分間）がある。日直が指示をして行う。

掃除

◎本校は、給食の後に掃除指導がある。（十五分間）

掃除当番は、次の通りである。（原則として一週間交代）

①教室のぞうきん当番（一つの班）〈ぞうきん、バケツ、机運び〉
②教室のほうき当番（一つの班）〈ほうき、ごみすて〉
③階段当番（一つの班）〈ほうき、ぞうきん〉
④昇降口当番（一つの班）〈靴箱掃除も行う〉
⑤黒板当番（一つの班）〈黒板を消す、明日の予定を書く、ドアの敷居を掃除する、水飲み場掃除、廊下掃除〉

工夫している所

◎明日の予定を書く当番を設けている所
……黒板当番に明日の予定を書く。
◎ドアの敷居を掃除する係……黒板当番の仕事の一環として設けている。
掃除機を使う。隅々も掃除する。
◎靴箱掃除……必ずきちんと掃除するようにしている。

掃除のチェック

◎掃除の最後に決まった場所に集まって、副班長が「掃除チェック」を行う。十五分しかないので、全員が協力して急いで

教室（ほうき）当番　（　　）班

場所	名前	注意すること	月	火	水	木	金
ほ		さぼらないできましたか。					
う		すみずみまできちんとはきましたか。					
き		チャイムがなるまでに終わりましたか。					

教師の役割

行う。
◎担任も、掃除場所を順番に回りながら、一緒に掃除をする。

昼休み 一三：二五～一三：四五

◎二十分間の昼休みである。
この時間は、中休みと違って個人のまったくの自由時間である。思い思いに読書をしたり、トランプをしたり、将棋をしたり、おしゃべりをしたりという時間に子どもたちは使っている。

終わりの会

◎司会は、日直である。
○早く終わらせる必要がある。時間をかけてはいけない。
◎私のクラスは、下の表のように行う（五、六分間）。工夫は、二つある。
○一つは、起立してから司会が「終わりの仕事をしてください」と声をかけることである。その声に合わせて「日付係」「電気係」「窓閉め係」「図書係」のそ

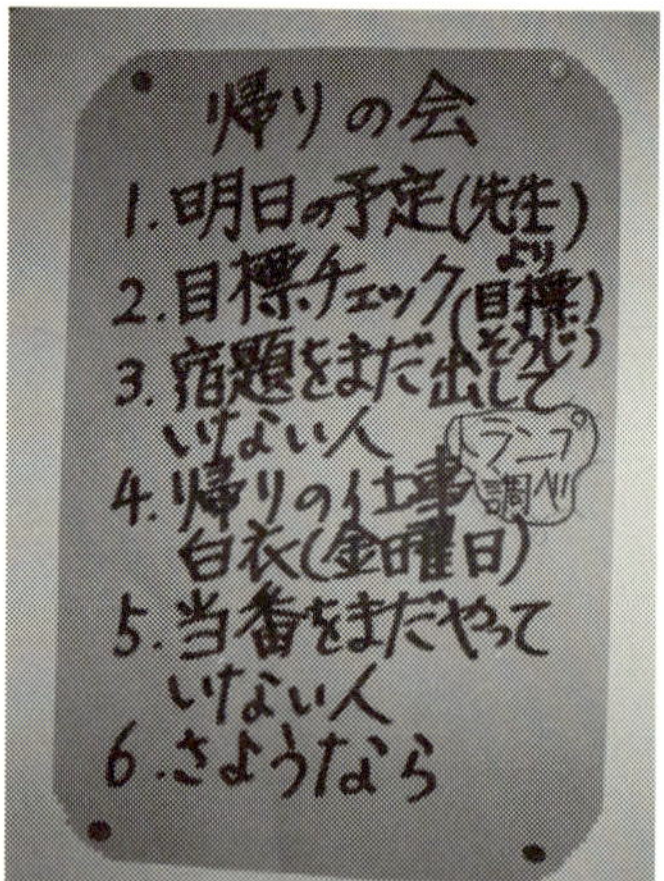
帰りの会
1.明日の予定(先生より)
2.目標チェック(目標係)
3.宿題をまだ出していない人
4.帰りの仕事
白衣(金曜日)
5.当番をまだやっていない人
6.さようなら
トランプ調べ

れぞれの当番が仕事をし始める。
○二つ目は、司会が起立の号令の後に、「机を整頓してください」「椅子を中に入れてください」と声をかけることである。（「先生の教室は、机や椅子がきちんと整頓されてありますね」と放課後見回りをしている副校長から声をかけられたことがある。この声かけをきちんとさせているためである。）
この二つがきちんとなされれば、担任教師がいなくても心配ないわけである。

(3)〈30〉の法則（1カ月）

《ポイント》
A　一週間でつくり上げた学級の仕組みをさらに徹底する。
B　気を抜かないで、手を抜かないで何度も何度も繰り返し教え、指導する。

一週間で学級の仕組みはできあがったはずである。

私は、これからが勝負だといつも思う。しかし、他の先生たちは、一週間でほっとしてしまう。ここが決定的に違う。一週間は、単に枠組みをつくり上げたということに過ぎない。

一週間が過ぎたら、子どもたちは、いつもの〈日常〉に戻っていく。その日常とは、前学年のときの〈日常〉である。その日常の方が、子どもたちは慣れているし、過ごしやすいのだ。

だから、前学年の〈日常〉を新しく改革していくには、どうしてもこの〈30〉の時間が必要である。（もちろん、新しく改革する必要を感じる場合であるが。）

この時間は何をするのか。

もちろん、一週間でつくり上げた仕組みを繰り返し指導し、教えていくのである。

この時間は、子どもの様子を見守っている時間ではない。教師が前面に出て、「それは、こうするのです」「もう一度やり直しなさい」「よくできるようになりましたね。えらい！」と声をかける。

たとえば、給食を取りにいく私の給食当番の指導は、次のようになる。

時刻	子どもの動き	教師の指導
一二：一五	○授業の終わりと同時に、タイム係が「今からタイムを計ります」と給食当番に合図を送る。 ○給食当番は、廊下にかけてある白衣をとって急ぎ着替える。そして、教室の後ろに二列に決められているよ	・タイム当番が、給食当番にきちんと合図を送っているか確認。 ・きちんと先頭の指示に従っているか確認する。教師もきちんと白衣を着る。

うに並ぶ。	・廊下に並ばせない。他のクラスの通行の邪魔になる。
○二列に並んで、教室を出て行くときにタイム係が計られる。（タイム係）タイム表に記載する。	・何分かをタイム係に確認する。
○給食当番は、水飲み場で手を洗う。そして、トイレの横で二列に再び並ぶ。	・きちんと先頭が「並んでください」と声をかけるように指導。
○先頭が「出発します」と合図を送り、二列に並んで階段を下りる。	・二列にきちんと並んでいることを確認。 ・教師は必ず列の後ろからついていく。列の様子の確認と給食がこぼれていないかの確認のためである。
○給食室では、大きな声で「いただきます」の挨拶をする。	・挨拶の確認。
○給食当番が決められているそれぞれもの（食器やおかずなど）を持って決められている場所に並ぶ。	・全員揃ってから先頭がきちんと「出発します」と声かけしているかを確認。
○給食当番は、まとまって教室へと給	・ペーパー当番には、給食がこぼれた

食を運んでいく。

場合の指示をする。

このように繰り返し繰り返し徹底していく。自分たちでできるようにしていく。そして、新しいクラスでの仕組みが、子どもたちの〈日常〉になっていく。それが一カ月かかると私は考えている。

私が、特にこの〈30〉の中で集中して取り組むのは、**〈清掃〉**と**〈給食指導〉**である。なぜか。この時間は、子どもたちの**〈自由裁量度〉**が発揮されてしまう時間であるからである。

思い出してほしい。あの佐世保小六殺人事件が起きたのは、この給食指導のときである。私は、この時間帯だけが、小学校で唯一あのような事件が起こりうる時間帯であったと考えている。

教師と給食当番が、給食を取りに行っている時間と配ぜんをしている時間帯は、給食当番以外の子どもは、結構自由に過ごしている。どのように過ごすのかがきちんと決められてある私のクラスの場合は、小学校では稀かもしれない。

廊下で他のクラスの子としゃべっている子ども。廊下で走り回っている子ども……。（中学校では、副担任などが出て、給食指導にあたるためにこのような時間帯はできないと聞いている。）だから、自由裁量度が発揮されてしまうこの時間は、特に繰り返し指導をする。

〈清掃〉と〈給食指導〉がきちんと行き届いているクラスは、とてもクラスがまとまってくるものである。

教師力　磨く　鍛える　15

学級作りは「3・7・30」

教育ルネサンス　№62

ベテラン教師が〈3・7・30の法則〉による学級作りを唱える。

きっかけは、学級崩壊だった。「有能だ」と思う若い教師が、周りで辞めていく。

教師歴30年を超える横浜市立大池小学校の野中信行教諭(57)が、一昨年に出した著書のタイトルを、「困難な現場を生き抜く教師の仕事術」としたのも、そんな教師たちへの思いがある。

その著書で唱える学級作りの経験則はこうだ。

3日目までに「今度の先生は一緒にやれそうだ」というイメージを与え、学級の仕組みの第一歩を作る。7日目までに学級の仕組みを作る。30日目で、その仕組みを完成させる。

「最初の3日間が勝負」と昔から言われてはいる。「しかし、その3日間はもともと多忙。しかも、この10年、土台作りに時間がかかるようになった」と野中さんは感じている。

著書がきっかけになって、「なるほど、そうか」という反応が少なくなかった。講演依頼も電子メールでの相談も舞い込んだ。

札幌市の市立中教諭、堀裕嗣さん(39)は、野中さんの考えに共鳴した一人。

「3日で作ったルールが、少しずつ崩れていくのが、典型的な荒れのパターン。7日、30日と目標を持てば、ルールが固まる」

教科担任制の中学では、授業のシステムの定着には3か月かかると、〈3・7・30・90の法則〉を提案している。

＊

4月5日。始業式の後、野中さんは、担任する6年2組の26人を集めた。半数は5年からの持ち上がり。「5年1組だった人は、先生に慣れているけど、それで得をするということはありません。クラス作りは最初からやります」

初めて受け持つ子への気配りだ。

6日。自分が小学校2年だった時のクラス写真を見せながら自己紹介。笑いを取る。子供たちが親近感を持ち始めたとわかるが、友達口調で質問した子には、きっぱりとたしなめた。

7日。朝、教室では、指示をする前から全員が読書をしていた。5年の時も野中さんのクラスだった子が、日直として率先して声をかけたのだ。

この日は、自分自身の初恋の話をした。好きな女の子をドッジボールで狙い、後から、男子みんなが同じ子を狙っていたとわかった思い出話で、「好きな子をいじめたい」という男子の心理をさらす。高学年のクラスでは、男女の反目でクラスの和が失われることも少なくない。それを防ぐ布石だった。

様々な当番を決め、掃除の時間には、さぼらせないように何度も声をかけてくぎを刺した。

＊

野中学級の今月12日。「先生や友だちにしっかりあいさつしよう」とクラスの目標を定めた。給食の指導でも、行儀作法などでたびたび声をかける。

学級の当番の仕事を終えると、子供たちは、当番名の札を裏返す。ルールが定着し始めていた。それでも「最初の1か月は1時間も気が抜けない」という。

全国の教室でいま、教師たちは正念場を迎えている。

（丸山　謙一）

始業式の後、担任することになったクラスの子供たちに語りかける野中教諭（横浜市立大池小学校で）

（「読売新聞」2005年４月22日朝刊）

《ちょっとした解説》―子どもたちの普遍的心理―

私の「3・7・30」の法則を読んで、「何か自由がないな。子どもたちは、もっと自由感がほしいのではないのだろうか」と受け取られるであろう。しかし、この感じは、まったくの誤解である。「子どもたちの心理をわかっていない」とはっきり言うことができる。

子どもたちは、担任教師がきちんと教室に秩序立ったシステムを確立してくれることを願っている。子どもたちは、いつも先行き不透明なことに不安を持っている。子どもたちは、安定したきちんと見通しの持てる教室を強く望んでいる。

私のこういう考えにきちんと同調する教師がいたのである。『あたりまえだけど、とても大切なこと』（ロン・クラーク、草思社）である。このロン・クラークは、全米最優秀教師賞をもらった人と言えば、かなり知っておられる人も多いであろう。

彼は、次のように書いている。

「子どもを相手に働き、彼らとともにさまざまなことを経験してきたこの年月のあいだに、わたしは彼らがある行動に出る理由や動機について多くを学び、いつもと異なる事態に対処する際のもっとも効果的な手法について多くのことを学んできた。そのなかでも、ひとつだけ確実にいえることがあるとすれば、それは、子どもを相手に働くときには、こちらが賢くならなければならない、ということだろう。一般的に、子どもについてはつぎの４つの普遍的真理があると考えられる」
そして、その一つをこのように言っている。

「１　子どもはシステムを好み、必要としている。

子どもは安心感を求めると同時に、威厳をもって自分たちを管理監督してくれる人物を求めている。わたしは、これまで、子どもたちに好かれたいと思うあまりに、甘すぎる態度で接する教師や親を何人も見てきた。教師になりたての同僚から、子どもに好かれたいからあまり厳しくしたくない、という言葉を何度となく聞かされてきた。子どもたちは、最初のうちはたしかにそういう教師を好むが、最終的にはそういう教師を尊敬するようにはならないようだ。教師として最高の結果といえば、なんといっても子どもたちに好かれ、同時に尊敬されることであるはずだ。そのためには、クラスのなかにきちんとしたシステムをつくりあげ、明確なルールをつくって、子どもたちが安心感と居心地のよさを感じられるようにしなければならない」

経験から作り出した「３・７・30」の法則の根拠をきちんと言い得ていると思ったものである。「クラスのなかに、きちんとしたシステムをつくりあげ、明確なルールをつくって、子どもたちが安心感と居心地のよさを感じられるようにしなければならない」と言っている。

私の方法は、子どもがシステムを好み、必要としているという普遍的真理に沿うかたちで設定されているのである。

教師論ノート❸

《身につけたい仕事術3》「時間のゆとり」を生み出す仕事術

◎四つの関門がある

一年間の中で、必ず通過しなくてはいけない関門がある。この関門をどのようにうまく切り抜けられるかで「時間のゆとり」が生まれる。

その関門を私は、四つに設定している。

① 提出物をどのようにしているか。
② テストをどのようにつけているか。
③ 週案をどのようにしているか。
④ 通知表（あゆみ）をどのように書いているか。

この四つは、担任の場合の関門である。それ以上に初任の先生以外は、学校の仕事を振り当てられていく。だから、仕事に振り回されていくのである。

四つの仕事術を身につけていくと、時間にゆとりが生まれることは請け合いである。

(1) 提出物をどうしていくか

担任教師の場合、特に朝の会や職員会議で、「○○については、○日までに提出してください」という連絡がある。自分の手帳にメモをしておかなくては、必ず締め切りを過ぎて催促されることになる。

この種の提出物は、数多く出されることを覚悟しておかなくてはいけない。「あとでいいや」としまい込むとそれでおしまいである。必ず閉めきりに間に合わない。

それでは、どうすればいいか。私の場合は、次のようにしている。

①　もらったその場で書けるものは、すぐ書いて提出してしまう。これを「あとで書こう」とならないことだ。かっこいいことなど書くことはない。そのときに思いついたことをそのまま書いていく。

②　子どもたちの作業をさせたり、子どもにアンケートをとったりする提出物がある。その場合は、自分の手帳に〈提出期限〉と〈子どもに作業させる日〉と〈アンケートをとる日〉をきちんと書いておかなくてはいけない。（私の場合は、どうせ提出するのなら、早くしてしまおうとやってしまうことが多い。）

⑵ テストをどうつけるか

テストをどうつけるかを軽く考えてはいけない。このテストをつけることに意外と時間を奪われてしまうのである。ほとんどが放課後に職員室でつけることが多いのではないだろうか。ひどいときは、まとめてつける場合がある。

さすがに最近はなくなったが、通知表（あゆみ）をつける時期の前の一週間ばかりをテスト週間（刈り入れ時と言った）とする教師がいた。毎日、二、三教科のテストをやらされて子どもたちは、辟易してしまうのである。

通知表をつけるためだけのテストである。子どもたちは、もう勉強したことを忘れてしまっている時期のテストであるためにひどい点数をとることになる。私も、若い時代の一時期にこんなことをやったことがある。今なら絶対にしないことである。

では、テストについてはどうしているのか。

① 単元ごとのテストは、必ず単元の終了後にすぐに行う。
② テストは、どのくらい教えたことが理解されているかのチェックであると同時に理解できていない子どもたちの単元最後の理解の場である。（理解できていない子どもに、テストで教えてあげるのである。）
③ テストは、まだ子どもの記憶が残っている間に子どもたちに返却してテスト直しをさせることができる〈ホットな時間〉が勝負である。だから、できるだけ早く返

却してあげることが大切である。私は、〈その時間〉か〈次に勉強の時間〉と決めている。

④　だから、テストをつけるのは、テストをさせている間につけることになる。テストを出す子どもが十名を越えるあたりからテストをつけ始める。テストは、全部つけてはいけない。教師が答えを覚えられる範囲をつけるのである。

このようなことを習慣としてきたので、放課後職員室でテストをつけることはない。私がテストをつける様子を子どもたちがびっくりしたことがある。「スゲエー」と驚くのである。そのくらいに速い。これも身につけた習慣である。

(3)　週案をどうしているか

次の一週間の計画を立てるために、どこの学校も週案を書いているであろう。

管理職への提出は、金曜日の帰りに行う。しかし、これがむずかしい担任がいる。次の月曜日に提出するのはいい方で、二、三週まとめて提出する担任もいる。

金曜日に提出している教師でも、勤務時間を延長して、指導書を見ながら、一生懸命書いている。時間もかかる。それを一週間に一回クリアしていかなくてはいけないので、大変な時間なのだ。この時間がもっと手軽に、短時間でできないものかと考えて工夫が始まった。

今、私は次のような方法を持っている。

9月19日～9月22日 (3)	9月26日～9月30日 (5)	10月3日～10月7日 (5)	10月13日～10月14日 (2)
・調べたことを発表し、話し合って考えを深める。(5)	・話し合いで深まった考えを提案としてまとめる。(4)	漢字の広場(2) ・絵を見て想像を広げ、5年生で習った漢字を使って、文や文章を書く。	日本で使う文字(2) ・仮名の由来などについての知識をもち、言葉や文字への関心を深める。
《自由民権運動が広がる》 ・人々が新しい政治に持っていた願いについて考える。 《国会が開かれる》 ・明治政府が目指した政治のあり方についてとらえる。	《日清・日露の戦い》 ・日本とアジア諸国との関係の変化についてとらえる。 《戦争の影響と朝鮮の併合》 ・日本が朝鮮を併合するなどしてアジアへ精力を伸ばすことで抵抗があったことを理解する。 《50年かかった条約改正》 ・日本が国力を充実させていったことを理解する。	《産業の発達と暮らしの変化》 ・産業の発達に伴って人々の暮らしが変化してきた様子をとらえる。 《平等な社会をめざして》 ・民主主義をもとめる様々な運動が盛んになってきたことをとらえる。	○戦争から平和への歩みを見直そう(14) 《戦争体験から学ぼう》 ・戦中・戦後を生きた人々の話を聞きながら、人々の思いについて、興味関心を深める。
・単元のまとめ(1) 7．単位量あたりの大きさ(13) ・混みぐあいを単位面積あたりや一人あたりの大きさを用いて比べる。(2)	・人口密度を求めたり、比べたりすることができる。(1) ・単位量あたりの大きさを用いて表したり比べたりする。(1) ・単位量あたりの大きさの考えを用いている問題を解決する。(1) ・単位量あたりの大きさの練習。(1)	・時間と道のりから速さを求めたり、身近な場面で用いたりする。(1) ・時間と道のりから速さを求めたり、身近な場面で用いたりすることができる。(2) ・速さと時間から道のりを求める。(1)	・速さと道のりからかかる時間を求める。(1) ・単元のまとめ(1) ・わくわくチャレンジ(1) 8．分数と整数のかけ算、割り算(5) ・分数×整数の計算ができる。(1)
・地層のできかたについてまとめたことを発表する。(1) ・地層が地上で見られる理由について調べる。(1)	・地層の中には、砂、粘土などが固まって岩石になったものがあることを観察する。(1)	〈火山灰でできた土地〉 ・地層には、火山が噴火したときに噴き出した火山灰などが積もってできたものがあることを知る。(1) ・火山が噴火して吹き出したものには宝石のような粒が含まれていることを知る。(1)	〈土地の変化〉 ・各自の課題をきめる。(1) ・選択した課題を調べる。(2)
陸上運動 ハードル走 目標記録をもって、ハードル走の新記録に挑戦しよう。		〈保健　病気の予防〉8 ・色々な病気の原因や予防方法について調べる。(2) 〈跳び箱運動〉8 ・初めての跳び方に挑戦したり、安定した跳び方ができるようにしたりすることを楽しむ。	・自分の課題について調べたり、実験したりしてみよう。(2)

表３－２　年間計画表

	８月31日～９月２日 (3)	９月５日～９月９日 (5)	９月12日～９月16日 (5)
国語	船・りんご(2) ・詩の表現を味わい、作者のものの見方・感じ方について考え、感想を持つ。	同じ訓をもつ漢字(2) ・同訓異字の語について知り、言葉や漢字についての関心を深める。	みんなで生きる町(13) ・教材文を読み、学習の見通しを立てる。(1) ・「ユニバーサルデザイン」の発想をもって、身の回りの施設や物について調べる(3)
社会	《郷土の先人の足跡を調べよう》 ・新しい時代を作るために活躍した先人の時代に関心をもつ。(1)	《黒船が来た》 ・黒船来航とそれに対する幕府の対応や人々の動きなどを調べ、欧米各国と交易が始まっていく流れをつかむ。 《江戸幕府倒れる》 ・武士の世の中が終わっていく様子をとらえる。	《新しい政府をつくる》 ・明治政府の諸改革を調べ、政府がどのような国造りを目指したのかを考える。 《西洋に追いつけ》 ・西洋諸国に追いつけるような国造りを目指したことをとらえる。 《まちの暮らしが変わった》 ・新しい時代の西洋風なものや考え方が多く取り入れたことをとらえる。
算数	５．およそを考えて(4) ・目的に応じて、積を上から一桁の概数を用いて見積もることができる。(2)	・積や商の範囲を、乗数や除数を切り上げたり切り捨てたりして考えることができる。(1) ・単元のまとめ ６．平均(7) ・資料の合計と個数から平均を求めることができる。(2)	・平均と個数から合計を求めることができる。(1) ・平均と個数から合計を求めることができる。(1) ・集団の特徴を表す値として用いられる平均の意味がわかる。(1) ・単元の練習(1)
理科	４土地のつくりと変化(16) 〈土地を作っているもの〉 ・教科書の写真をもとに土地の変化について興味関心をもつ。(1) ・地層の様子について調べ、小石、砂、粘土が層になって広がっていることに気づく。(2)	・地層は、小石、砂、粘土などの層が幾重にも積み重なって、縞模様に見えることをまとめる。(1)	〈地層のできかた〉 ・地層がどのようにできたかを話し合い、地層そのものに興味をもつ。(1) ・地層のできかたを調べるために、化石の標本と堆積実験を行う。(2)
体育	《本校の記録会》１	表現運動(5) ・自分やグループの良さを生かした踊りに取り組んだり、発表の仕方を工夫する。	

① 年間計画を作る

（若い先生たちは、これがなかなかできないので、学期の計画でも十分である。）しかも、その計画は、一週間の計画である。私は、次のような計画を立てている。一時間ごとの計画になっているので、このねらいをそのまま週案に書いていけばいい。この計画で、週案にかかる大幅の時間短縮につながった。どのように作っているのかと言われるであろう。

本校の教育課程と指導書をもとにして、五月の連休までにちょこちょこと作成していくというパターンで例年作っている（80、81ページ表3－2参照）。

② 週案はすぐに作成

週案は、管理職から返却されたら、すぐ来週の計画を作る。私は、水曜日に週案を作成する日と決めている。だから、金曜日には提出するだけになっている。（通知表については、93ページの「身につけたい仕事術4」で取り上げたい。）

第4章 学級を「集団」として高めるコツ

【この章でのポイント】

学級を「群れ」の状態から「集団」の状態に高めていくことは、学級経営の基本である。

この試みは、今、とてもなおざりにされてしまっている。しかし、厳然として「群れ」の状態のままの学級があり、その学級経営は、重く私たち教師に突きつけられる。

私は、そんなに身構えないで学級を「集団」化していく方法を提示している。目標達成法や「ちょこちょこ学級会」である。ぜひ参考にしてほしいと思う。

1 「群れ」を「集団」へ

学級は、「群れ」から始まる。その「群れ」の状態を「集団」にまで高めること……。

正面からこのように主張する教師たちは、ほんとうに少なくなった。むしろ、「集団をどのように組織するかなどよりも、子ども一人ひとりをどのように引き上げていくかを考えるべきではないか」「個性尊重の時代なので、集団づくりなどもう古くさいのではないですか」という声が聞こえる。こちらの方が声高になっているようである。

私は、違うと言いたい。もちろん、「集団」よりも「個」を大事にしていく状況が到来していることは、私も認めている。そのための手立てを打たなければ、現在の学級経営は成り立たない。（このことについては、第5章で扱いたい。）

しかし、反面「集団」を組織することなくして、きちんとした学級経営を成り立たせていくことはできない。「学級集団」が高まりを見せていけば、〈学級崩壊〉や〈いじめ〉などは克服していくことができる。その高まりがないからこそ、学級は、簡単に崩れてしまうのである。

でも、この高まりは、そう簡単なことではない。特に、高学年を受け持つ教師たちが、共通に悩む大きな課題の一つであるからだ。さて、私は、この課題にどのように対処しているのだろうか。

2 目標達成法

私は、とにかく簡単にできる方法はないものか、と模索してきた。そこで、現在とっている方法が〈目標達成法〉である。目標を設定して、その目標を守ることをクラスの取り組みにすることである。

その目標は、教師が設定すればいい。（徐々に、子どもの要望とかが入ってくればなおいい。）設定の基準は、学級経営の方針やクラスの実態を目安にすればいい。

させさて、六年生でどのような目標を設定し、どのような取り組みをしてきたのか報告しておきたい。

(1) 学級目標（１年間）をどのように設定したのか

まず、学級目標をどのように設定していったのか。

学級目標は、「なんでもチャレンジするクラス」である。手続きは、簡単である。

① 子どもたちにどんなクラスにしたいかアンケートをとる。（自由に書かせる。）

② そのアンケートをもとに、私が言葉を作る。

たとえば、次のような言葉を十個ぐらい作る。

・いじめのない、楽しいクラス
・みんなで助け合い、協力するクラス　　など

③　2回目のアンケートをとる。（十個のうちから一つだけ○をする。）

④　そこで多数決で決定。色画用紙にそれぞれの班で文字を担当して簡単に色塗りをする。

それが、下の写真の学級目標である。

〈学級目標の注意点〉

○　ただ掲げてある学級目標にしない。だから、②の所で教師が介入し、きちんと守っていける目標にする。

○　クラスのいろいろな場面で、この目標を意識させ、その目標に向かって努力させる。

(2)　クラス目標をどのように達成させていったのか

さて、日常的に取り組んでいくクラス目標である。

この目標は、次のような手続きを経ていく。

①　クラス目標は、四月当初は、二つ（一つでもいい）掲げる。「ロッカーの中をきれいに整理整とんしよう」「当番の仕事を忘れずにきちんとやろう」などの目標にする。

目標は、朝の会で全員で復唱させるようにしたい。目標は、チェックがあいまいなものではなく、できたかできなかったかがはっきりするものがいい。

②　毎日、終わりの会で担任が確認をする。

○「顔を机に伏せなさい」

「目標が今日きちんと守れなかった人は正直に手を挙げなさい」

といって確認する。

○合格は35人ならば32人以上ぐらいを目安にしたい。

○低学年は一日〜二日、中学年は三日〜四日、高学年は一週間を達成の目安にしたらいい。達成した目標は、黒板の上に掲示させる。

※顔を伏せさせるのは、守れなかった子どもに正直に手を挙げさせるためである。

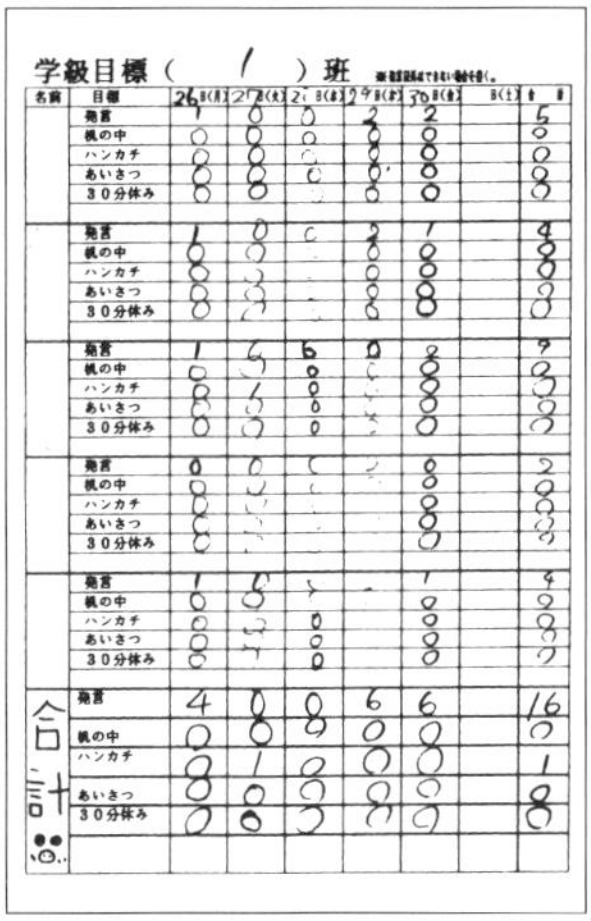

③　目標が、四つ（一番最初は三つ）掲示されたら、「席替えをしましょう」と約束する。子どもたちは、席替えが大好きだから、このように目標を守っていく方向を設定していくことは大切なことである。また「前のクラスは、一年間に二十個黒板の上に目標をあげました。これが今までの最高です。『なんでもチャレンジするクラス』と学級目標を決めたのですから、六年二組は、二十一個を目指してください」と檄をとばす。

〈クラスの目標の注意点〉

○　この目標は、完璧にやらないことである。だいたいで確認していくことが大切である。

学期に一回ぐらいは、黒板の上の掲示してある目標を再点検していくことも必要である。

大切なのは、毎日記録していくことである。終わりの会の順序に入れておくことである。

○　この目標にしていくものは、教室の実態に合わせて掲示していけばいい。注意点は、チェックしやすいも

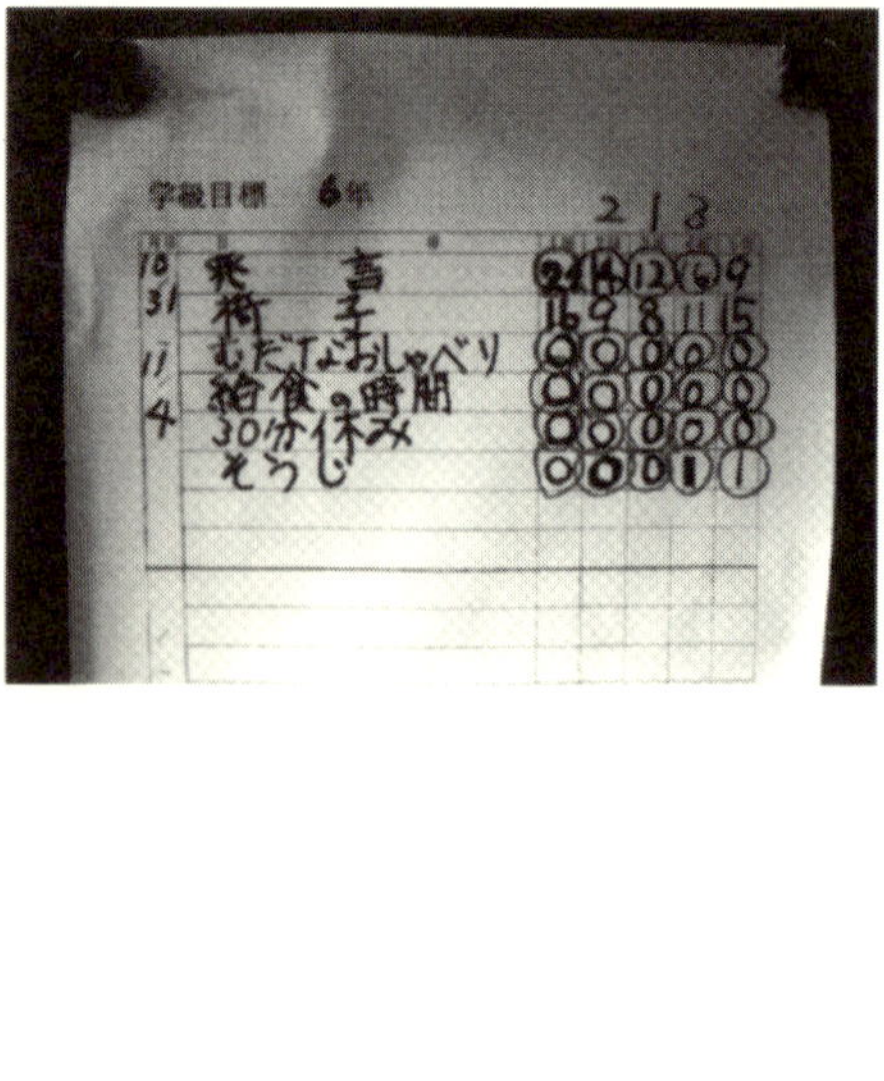

のにすること、確認がしやすいものにすること。

私のクラスでは、「食器を投げないできちんと重ねよう」「給食のごちそうさまの後にうろうろしないですぐ歯ブラシの準備をしよう」などと、クラスで、できていないことを目標にして取り組むのである。

〈目標達成の成果〉

○　この目標追求をねばり強く毎日続けていくと、教室がとても落ち着いてくる。

目標が十個黒板の上に掲示される頃から、クラスは、〈群れ〉から〈集団〉へと脱皮し始める。こうなればしめたものである。クラスで何かを取り組もうと目標が決まると自分たちで努力しようとする気運が満ちてくる。

○　六年生では、十一月（もうこの時期には、十三個の目標が黒板の上に上がっていた）に、「机を離れるときは、きちんと椅子を中に入れるようにしよう」という目標に取り組んだ。

この目標は、どれほど教師が口酸っぱく注意しても、なかなかできない。経験された先生ならばよくわかることだと思う。

ところが、この六年生、最初は大変だったが、三週間ほどでほとんど忘れる子どもがいないほどに守れるようになった。たまたま、授業を参観されていた先生が、「ちょっと席を離れるときも、きちんと椅子を中に入れていくのでびっくりしました」と言われるほどであった。

クラスが、「集団」化していっている証拠である。

3 「ちょこちょこ学級会」を開く

学級会というと、机をコの字型にして、議長、副議長、ノート書記、提案者の席を設け……、というように仰々しくなる。担任は、ついついその段取りのめんどうくささに嫌気がさす。だから、せいぜい一カ月に一回ぐらい（最近は、まったく学級会はやらないというクラスもある）開くということになる。きわめて学級会が形式的になる。

私は、この学級会でも、その形式を排除する。

学級会はクラスにとって、とても必要である。担任の指示に従うばかりでなく、自分たちで決めたことに自分たちで従っていくことは、「集団」としての規律が確立するために必須のことである。

そのためには、手軽に学級会が開けるようにしていくことである。手軽に開くことで「ちょこちょこ学級会」と名前をつける。

まず、机をコの字型にしていくことを廃止した。学級会のときは、クラスの机を真ん中から向かい合わせるだけである。議長は、自分の席から「これから学級会を開きます」と言っても、前に出て言っても自由である。黒板書記だけが、黒板の前に出て行く。そして、議長や副議長などが、次のようなプリントを配布する。

①　黒板に議題と議題設定の理由を書く。みんなは、それを写す。議題は、最初は担任が出す。次に、みんなから議題を集める。提案理由も、最初は担任が言う。あまり形式にこだわらない。

②　ただし、時間をとって「自分の考え」をみんなが書く。これが絶対必要である。それが、全員で決めるという意識を育てる。

③　話し合いをして、決まったことをきちんと確認する。

〈学級会の効果〉

たとえば、こんなことがあった。

私のクラスは、ロッカーに教室で遊んでいいトランプやウノ、将棋などがおいてある。その整頓が乱雑で困っていた。使った子どもたちが、片づけるときにいいかげんに放り投げておくのである。「ちゃんと片

学級会　　月　日（　）　名前（　　）

一、議題

二、議題を出したわけ

三、自分の考え

四、学級会の進め方

①議長「これから学級会を始めます。」
②議長「今日の議題は、○○○○○です。」
③議長「提案者は、議題を出したわけを発表してください。」
④提案者「議題は、○○○○です。この議題を提案したわけは、○○○○です。
　話し合いよろしくお願いします。」
⑤議長「それでは、まずその議題について自分の考えをまとめてください。」
⑥議長「それでは、話し合いを始めて行きます。」
⑦話し合い
⑧議長「今日、決まったことは、○○○○です。みなさんきちんと守ってください。」
⑨議長「これで、学級会を終わります。」

づけなさい」ということは簡単だが、効果はあまりない。しばらく時間が経つと元の木阿弥である。ぜひ、この議題を学級会の議題にする必要があると思った。

話し合いが行われ、決定したことは、その日に使った人は、黒板の隅に名前札をおいておくこと、そして終わりの会で日直が、使った物を確認し、片づいていない場合は、「使った人は、さようならをした後に片づけてください」と呼びかけることであった。

これだけの決定で、今までの問題は一挙に解決した。それ以降、乱雑に片づけることはなくなったのである。

学級会で話し合い、そして決定していったことがこれほど強力に効果を発揮する。

この「ちょこちょこ学級会」は、クラスで困っていることなどをこのように簡単に話し合う。

教師論ノート❹

《身につけたい仕事術４》通知表（あゆみ）を作成

担任教師にとって、通知表を作ることは一大イベントである。一年間に三回（横浜は二学期制なので二回）、この通知表を作成しなくてはいけない。

ほとんどの教師たちは、この時期家にこもりっきりになってしまう。また、ある教師たちは、学校にこもりっきりになるという生活を何日も続けるという。この時期、教師は、睡眠不足になる人が多い。それでいて、締め切りに間に合わない教師も結構いる。それほど大変なことである。

これほどのイベントである。私も、なんとか時間短縮を図れないものかと考えてきた。方法の視点は、はっきりしている。

> ○　すばらしい通知表でなくていい。つまり、いっぱい字が詰まっていて、綿々と書き連ねてある通知表ではなく、こちらの思いと子どもたちの成績がすっきりと伝わる普通の通知表であればいい。

この通知表は、教師のそれぞれの思いが込められている。とにかく、びっしりといっぱい書くことを推奨する管理職もいる。教師がいっぱい書いていると保護者は熱心な教師と見てくれるというわけである。そこで一枚の通知表に多くの時間をかけて、へとへとになって仕上げていくわけである。

これらの涙ぐましい努力は、次のような正確な指摘をまったく想定していない。少し引用が長くなるが、きちんと受け止めてもらいたい。

「4 『通知表』は『日常実践』と連動して〈解釈〉される

『絶対評価時代』を迎えて、通知表の書式や構成を見直そうという動きがある。

もちろん、それは良いことである。しかし、どれだけ書式や構成を動かそうとも、通知表は『所見欄』を除けば、すべて『記号』にしか過ぎない。いや、『所見欄』さえ、ごくごく短い紙幅しかなく、やはり『記号的』にしか作用しない。総論的に書けば抽象的になり、エピソードを具体的に語ろうとすれば一つの事例しか書けない。

学校教育の視点から見た『評価記号』の集積―良きにつけ悪しきにつけ、それが『通知表』というものである。

特に、『学習評価欄』は完全に記号である。評定の数字も観点別評価のＡＢＣも、すべて冷たい『記号』に過ぎない。従って、『相対評価』であろうと『絶対評価』であろうと、『通知表』が単独で『次学期の励みになる』ということはあり得ない。『通知表』はあくまで、『日常実践』と連動して〈解釈〉されるものなのである。

Ａ男君についている国語の評定『2』と、Ｂ男君についている国語の評定『2』は、意味がまったく異なる。Ａ男君の『2』は、先生の話を聞いていなかったがために、

「評価基準」を聞き落とし、先生に叱られた結果としてついた『2』である。B男君の『2』は、「評価基準」にあと一歩及ばなかったものの、先生に前向きに評価された『2』である。しかも、夏休みにこうした勉強をして頑張るんだよ、と具体的な指標も与えられている『2』である。A男君には『2』が暗く歪んだものにみえるかもしれないし、B男君には同じ『2』が燦々と輝いて見えるかもしれない。

こうした違いは、『2』という記号にあるのではない。あくまでも、日常の授業における教師の関わりの中にこそあるのである。繰り返しになるが、『通知表』が『日常実践』と連動して〈解釈〉されるものだからである。そして、その解釈が、生徒の意欲につながるか否かのポイントは、教師の指導姿勢によるということなのである。

『通知表』が単独で『次学期の励みになる』ことはあり得ない。日々の『評価規準』『評価基準』を明確にした授業、下位生徒にまで目を向けた指導、そしてそれらに基づいた学習活動を包み込む的確にして適切な『評価言』、これらが『通知表』と連動することによって、「次学期の励みになる」ような〈解釈〉が生み出されるのである。

そして、教師の仕事は、このような〈解釈〉を生み出すための努力に他ならないのである」（『生徒・保護者にわかりやすい絶対評価の通知表　中学１年』堀裕嗣編・「研究集団ことのは」著）

どんなに熱心に字でいっぱい埋められてある通知表を作成しても、〈日常実践〉と連動していなくては意味をなさないということが堀裕嗣の指摘でよくわかるであろう。

今まで私は、通知表を多くの言葉で飾り立てるよりも、それだけの力を〈日常実践〉に振り向けていく方がどれだけ有意義だろうと思い続けてきた。通知表でへとへとになるような仕事ぶりをしてはならないと自分を戒めてきた。

今では、通知表（横浜では、「あゆみ」と言っている）を家に持ち帰ることもなくなった。放課後の時間を使って、一週間ほどかけて仕上げてしまう。しかし、そのためには、いろいろと工夫がこめられている。それを明らかにしていこう。
① まず、通知表に取りかかっていく時期が問題である。私なら、三学期制のとき、次のようにしていた。

〈一学期〉　六月中旬から、資料作り（子どもに自己評価させる資料作り）
→六月の終わりには、資料作成完了（子どもの自己評価完成）
→七月最初から、通知表づくり
〈二学期〉　十一月中旬から、資料作り
→十一月下旬に、資料作成完了
→十二月最初、通知表作り
〈三学期〉　二月中旬から、資料作り
→二月下旬に、資料作成完了
→三月最初、通知表づくり（三月中旬に要録完成）

②　テストを全部終了させて、その平均点を出してからでないと、通知表は書かないという発想だと、はやく仕上がるはずはない。途中経過で十分である。そのために意識して資料を集めておけばいい。（テストを全部終了させなくては、通知表をつけられないという呪縛にかかっている教師がいるのは不思議なことである。より正確で客観的な資料作りを心がけているつもりだろうが、こんなことをやっていると絶対、通知表をはやく終わらせることはできない。）

③　通知表は、資料が勝負である。通知表を仕上げるための資料をどれほど持っているかどうかが決め手になる。私は、次のような資料作りをしている。

〈自分でつける「あゆみ」・行動のようす〉　資料1参照

○　担任の一年間の指導内容である。

○　学期に二回ほど自己評価させる。

○　通知表の「行動の評価」に連動している。

〈自分でつける「あゆみ」・学習のようす〉　資料2参照

○　子どもたちが、学習の自己評価をする。

〈学習・生活の様子〉　前期（横浜は、二学期制である）　資料3参照

○　特別活動の様子、当番の様子、委員会・クラブの様子などの自己評価をする。

④　文章表記をする所は、所見欄、行動の様子欄、総合や生活科の欄、特別活動の欄などである。（学校によっては、教科ごとに文章表記をする所がある。）

私は、これらの欄の記入のために、何年にもわたっていろいろな本や雑誌から文例集

を集めまくったことがある。これを参考にしながら、その子に合った文章を作り上げる。

資料1

自分でつける「あゆみ」〈前期〉　6年

（　　）番名前〈　　　　　　　　〉

〈行動のようす〉

〈あなたは、つぎのことができていますか。〉

◎よくできた　○できた　△よくできなかった

		◎○△
基本的生活習慣	友達や先生に「おはようございます」、「さようなら」のあいさつがきちんとできている。	◎
	廊下や階段では、走らないで静かに歩くようにしている。	○
	勉強道具を忘れないようにしている。	◎
	自分勝手な行動を取らないで、ルールを守って給食を食べるようにしている。	◎
健康体力向上	休み時間では、一人や二人ではなく、グループで遊ぶようにしている。	◎
	休み時間は、外で元気に遊ぶようにしている。	◎
	ハンカチやちり紙をいつも身につけ、遊びの後や給食の時に忘れないで手洗いをしている。	◎
自主・自律	目標にむかい、計画的に努力を続けようとしている。	◎
	より高い目標に取り組み、最後までやりとげようとしている。	◎
責任感	クラスの役割を自覚し、確実に仕事を行おうとしている。	◎
	上級生として、意欲的に活動し、信頼される行動をとろうとしている。	◎
創意工夫	当面する問題に対して、自分なりに工夫した新しい考えや方法を取り入れ、解決に向かってよりよい活動をしている。	○
	係の仕事のためにクラスの人に協力を呼びかけたり、活動を伝えたりしてよりよい活動している。	◎
	学年・学級のレク活動では、アイデアを出して、みんなが楽しめるよう工夫しようとしている。	○

		◎○△
思いやり・協力	困っている友達に自分から声をかけて、一緒に解決方法を考えたり、自分に分かる事は教えたりして相手の立場に立った思いやりのある行動をしようとしている。	◎
	異学年グループの活動の時、リーダー的な立場で、グループを盛り上げたり、下学年のめんどうを見たりしようとしている。	◎
	自分とは違う考え方や意見であっても相手を受け入れ、認めながら生活しようとしている。	○
生命尊重自然愛護	小動物の世話をしたり、学年花壇の植物の水やりなどの仕事も進んでしたりして自然愛護しようとしている。	○
	危険なことに注意し、健康に気をつけ、自分のことも友達のことも大切にして生活しようとしている。	◎
勤労奉仕	クラスや委員会の仕事を進んで行おうとしている。	◎
	みんなのために喜んで働き、役に立とうとしている。	◎
公正公平	まわりの人たちに対して、差別しないで行動しようとしている。	◎
	友達の失敗やあやまちに対し、広い心で接しようとしている。	○
	自分の損得ばかり考えないで、誰に対しても公平に接することができる。	○
公共心	学校の決まりや自分たちで決めたきまりを進んで守ろうとしている。	◎
	清掃用具が乱れていたらそろえたり、みんなで使う物や場所を大切に扱ったりして周囲に迷惑をかけずに行動しようとしている。	◎
	校外学習では、電車の乗り方や公共施設の使い方のきまりを守り、迷惑をかけないように行動しようとしている。	○

資料2

自分でつける「あゆみ」6年　前期

〈学習のようす〉　◎―よくがんばった（特にがんばったのハナマル）　○―がんばった　△―がんばれなかった

教科	観点	内容	◎○△
国語	関心意欲態度	進んでいろいろな本を読むことができた。	◎
		作文が好きで，進んで作文（日記，手紙なども含めて)を書いた。	◎（花マル）
		百人一首に興味をもって取り組んだ。	◎
	話す聞く	相手に伝わるように，まとめて話すことができた。	○
		話の要点を正しく聞き取ることができた。	◎
	書く	必要な材料を集めて，歴史博物館のガイドブックを作ることができた。	◎（花マル）
		自分の思いや感じをうまく俳句にあらわすことができた。	△
	理解	「生き物はつながりの中に」で，書かれている内容を理解し，文章の要点を読み取ることができた。	◎
		「カレーライス」で，物語の人物の行動や気持ちに注意しながら，物語を読み取ることができました。	◎
	言語	学習した漢字をきちんとおぼえ，使うことができた。	◎（花マル）
		書写では，大きさや形などに気をつけて，文字を正しく書くことができた。	◎
社会	興味関心態度	分からないことがあると教科書や資料集を使って調べることができた。	△
		歴史の勉強が好きで，いろいろな歴史のマンガや本をよく読んだ。	△
		進んでニュース（新聞）などを見たりしている。	◎（花マル）
	思考判断	古墳が作られたころの様子について考えることができた。（大昔の人々の暮らし）	◎
		奈良の大仏が作られた世の中の様子をとらえ，奈良時代の文化や社会の様子について考えることができた。（大陸に学んだ国造り）	○
		秀吉や家康の時代の政治について考えることができた。（武士の登場から全国統一へ）	△
		江戸幕府の鎖国や人々の暮らしについて考えることができた。（幕府の政治と人々の成長）	△
	資料活用	米作りが始まったころや，古墳が作られたころの暮らしの様子を資料などから読み取ることができた。（大昔の人々の暮らし）	◎
		奈良時代や平安時代の文化や政治について，資料などからとらえることができた。（大陸に学んだ国づくり）	○
		室町時代の文化や農耕について読み取ることができた。（武士の登場から全国統一へ）	○
		江戸時代の政治や文化の様子についてとらえることができた。（幕府の政治と人々の成長）	△
	知識理解	米作りが始まって，人々の暮らしが大きく変わったことを理解することができた。（大昔の人々の暮らし）	◎
		飛鳥、奈良時代の政治の特色や平安時代の文化の特色が分かる。（大陸に学んだ国づくり）	△
		鎌倉時代の武士社会のしくみが分かり，元軍との戦いの様子や幕府への影響を理解することができた。（武士の登場から全国統一へ）	△
		江戸幕府が行ってきた政治が分かり，江戸時代の学問や文化の特色をとらえることができた。（幕府の政治と人々の成長）	○
算数	関心意欲態度	教科書・ノート・鉛筆・下じき・消しゴムを忘れずにもってきている。	◎（花マル）
		先生の言う「教科書の何ページを開きなさい。」が，すぐできている。	◎
		ノートに数字などを書くとき，ていねいに書いている。	◎
		すすんで手をあげている。	◎
		まちがえた問題は，もう一度やりなおしをしている。	○
	考え方	公倍数，公約数や最小公倍数，最大公約数を使って，問題を解くことができた。（倍数と約数）	◎
		異分母分数のたし算・ひき算を使って，問題の答えを求めることができた。（分数の大きさとたし算，ひき算）	◎
		直方体や立方体の展開図から，問題を解くことができた。（立体）	◎（花マル）
		複雑な立体の体積を，工夫して求めることができた。（体積）	◎
		およその数で、積の範囲や商の範囲を求めることができた。（およそを考えて）	○
	表現処理	最小公倍数や最大公約数の求め方が分かった。（倍数と約数）	◎
		異分母分数のたし算やひき算ができた。（分数の大きさとたし算，ひき算）	○
		直方体や立方体の展開図を書くことができた。（立体）	◎
		直方体や立方体の体積や容積を求めることができた。（体積）	◎
		概数を見積もり、およその数の求め方が分かった。（およそを考えて）	○
	知識理解	倍数，公倍数，約数，公約数が分かった。（倍数と約数）	◎
		大きさの等しい分数が見つけられ，通分・約分ができた。（分数の大きさとたし算，ひき算）	○
		見取り図から立体の名前などが分かった。（立体）	◎
		体積の単位や直方体，立方体の求め方が分かった。（体積）	◎
		積や商の見積もり方が分かった。（およそを考えて）	○
理	関心意欲	実験や観察に必要なものをさがしたり，そろえたりすることがすばやくできた。	○
		授業が始まるとき，教科書，ノートをきちんと用意することができた。	◎
		ノートには，必要なことや大切なことを，落とさずにきちんと記録	◎

資料3

前期の学習・生活の様子

6年（　）組（　）番（　　　　　）

1．前期の当番，クラブ，委員会

（ 分別 ）当番（係）

（ 図工 ）クラブ （部長・副部長・書記）《○をつけます》

（ 放送 ）委員会 （委員長・副委員長・書記）《○をつけます》

2．「前期の反省」（丸をつけなさい。）

◎とてもがんばった（とくにがんばった場合はハナマル）　○がんばった　△がんばれなかった

	項　目	◎○△
当番活動	自分の仕事をがんばりましたか。	◎
	だいたい忘れずに仕事をすることができましたか。	◎
	工夫をしてがんばりました。	○
	《どんなことをがんばりましたか》［ゴミを分別することと，牛乳パックがたまったら給食室にもっていってます。］	
給食当番	みんなと協力して仕事ができましたか。	◎
	すばやく並び，まとまって行動できましたか。	○
	マスクや白衣などをほとんど忘れることはありませんでしたか。	◎
そうじ当番	みんなと協力してそうじができていますか。	◎
	さぼらないで終わるまで手を休めずにやり通していますか。	◎
	チャイムがなるまでに終わるようにがんばっていますか。	○

クラブ活動	みんなと協力してがんばっていますか。	◎
	話し合いでは，進んで自分の意見を言っていますか。	◎
	楽しく活動していますか。	◎

	項　目	◎○△
委員会活動	みんなと協力して仕事をがんばっていますか。	◎
	話し合いでは，進んで自分の意見を言っていますか。	◎
	先生から言われないでも活動できていますか。	◎
体験学習	しおりをよく読んで，見通しをもって活動ができましたか。	○
	自分の役割をきちんとやれましたか。	◎
	室内班での役割は何でしたか。［保健係］	
	行動班や室内班でよくまとまって行動できましたか。	◎
	行動班の班長の人は○にします（　）室内班の班長は○にします（　）	

第5章 〈個別対応〉を意図的に行うコツ

【この章でのポイント】

子どもたちが「生徒」としての立場をわきまえていた時代は、教師は、「子ども集団」へどのように働きかけるかをきちんと考えればよかった。

しかし、もうそれだけでは成り立たない時代を迎えている。子どもたちへの「個別対応」を意図的に行うことがどうしても必要である。

この章では、私の「個別対応」の方法を明らかにしていきたい。

1 子どもたちの変貌

かつて、私が教師を始めた時代（一九七〇年代）は、クラス集団に働きかけるだけで十分に私たち教師の思いが全体の子どもに浸透していくことができた。子どもたちは、きちんと「生徒」としての領分をわきまえてくれていたし、私たちも「先生」としての仕事をきちんとこなしていけば十分であった。

八〇年代半ばから顕著になった、子どもが「生徒」しない現象は、現在では、ますますその勢いを増している。

教師が「集団」へ働きかけることがダメになったわけではない。その課題は依然として存在する。（第4章でその必要性は明らかにしている。）課題は、それだけでは子どもとの関係がとれなくなったことである。

なぜか。それは、次のような子どもが出現し始めてきたからである。（小学校の高学年の場合である。）

① 子どもたちは、先生が〈自分〉を〈集団〉の一人として扱うことに不満を持っている。〈自分〉という意識だけは強く持っている。しかし、確固とした〈自分〉があるわけで

はない。何か不安であり、何か手応えがない。だから、周りが気になる。周りが〈自分〉をどう思っているかがとても気になる。

② また、子どもたちの一部は、〈自分〉を〈集団〉の一員として認識できず、あくまでも〈自分〉は〈自分〉だと思うことしかできなくなっている。

こういう子どもたちが出現してきた背景には、大きくは消費資本主義社会の成立がある。そして、核家族化による家庭の中での〈子ども〉の位置の変化が、その現象をさらに増幅させている。子どもたちは、小さい頃から家庭の中で、単なる〈子ども〉として育てられていない。〈自分〉が〈何者であるか〉をしたたかに感じさせられて育ってくるのである。また、「個性を育てる」「個を大事にする」教育も、この現状を後押しした。

だから、こういう現状を口を酸っぱく批判してみても虚しいだけである。子どもたちへの対応について、私たちのスタンスを変えねばならない。それが強く求められている。そうしなければ、現場教師として生きることはできない。

時代は、大きく変わっているのである。

2 個別対応の時代へ

さて、どうするか。

私は、新しい個別対応の時代へ入ったのだと考える。そう言うと、教師は、昔から子ども個々に対応することが求められてきたし、今に始まったことではないと反論されるであろう。しかし、私は、そのような一般論を言っているのではない。現場での実感で、切実な課題としてそのように感じるのである。

子どもへ接する方法を変えなくてはいけない。強くそう感じる。

(1) 包み込み法

この手法のねらいは、子どもを包み込んで、子どもと**〈通じ合う〉**ことである。

子どもたちは、教師から否定され、批判されることを極端に嫌う。正当なことで叱られているのに、ただ自分を否定されているということだけで「どうしておれだけが言われなくちゃならないんだよ」とぼやく。子どもたちの行動の価値観が、〈善悪〉ではなく、〈快・不快〉にあるからである。ただ、むかつくのである。ともすれば、教師の方が傷つけられるが、そういうことに苛立たない。

子どもの話によく耳を傾けて、子どもと対立しようとしない。包み込んであげる。

ただし、日常の中では、きちんと指導しなくてはいけない場面はいくらもある。叱らなくてはいけないこともいくらもある。そのときは、ただ悪い行為に対して叱るのである。指導は手短かにする。その子の人格を傷つけるような叱り方をしない。

包み込んであげることが原則である。その子との交流で、徐々に通じ合いができてくる。

通じ合いができたら、今度は、かなり強い指導も効果を上げるようになる。

こちらがかなりの我慢を強いられる。ねばり強い対応が必要である。

⑵　伝達法

もう一つの手法が、伝達法である。そのように名付けている。担任のその子への思いを積極的に伝えていこうという試みである。

彼らは、自分について何が期待されているかを強く聞きたいと思っている。だから、担任は、「君は、こんな良さがあるよ」「君は、こういうところがとても進歩しているし、もっとこういうことを伸ばしていけば最高だ」と、ことあるごとに伝えていく。

そして、もっとも大切なことは、「自分はこういうことができるようになったんだ」「苦手だと思っていたことがこんなに進歩した」という事実を作り上げることである。

この役割は、授業になってくる。

「苦手にしていた漢字が書けるようになってきた」「苦手な算数の計算がうまくできるようになってきた」「社会の歴史の勉強は、もう誰にも負けない。戦国時代が、もっとも好きである」……。

私は、この伝達法を次のようなかたちで具体化している。

① 給食の時間は、二人で食事

以前なら私の方から班に出向いて、班のみんなとお話ししながらの食事となっていた。それは、もうやめてしまった。

今は、一人ひとり順番に私の机に呼んで食事をする。子どもたち一人ひとりと話す時間が設定できるし、私の思いをきちんとこの時間に伝えることができる。

一年間にするなら、何度もその一人と話をすることができる。また、どうしても話さなくてはいけない子どもには、臨時に順番をかえる。

一緒に給食を食べながら、教科での好き嫌い、放課後の遊び友達、今興味を持っていること、塾やおけいこごとの話……。話すことはいっぱいある。あまりかたい話にならないように十分ぐらいの時間をその時間に当てる。

ただこれだけのことである。しかし、確実に〈その子ども〉との時間を持つことができる。「いやだあ。今日は、先生と給食食べるんだよ」「かわいそう。私は、来週なんだ」という会話が女の子たちの間で交わされる。このように楽しみ（？）に待たれているのである。

②　ハガキ作戦

真一君、こんにちは。話す時間がなかったので、ハガキにしました。この前、社会のテストで九五点取ったでしょう。びっくりしました。こんなにできるようになるとは思いませんでした。でも、漢字もよくおぼえるようになったし、百人一首もとても強くなりましたね。真一君は、とても記憶力がいいのです。だから、覚えることがはやくなってきたんですね。これからもとてもきたいしていますよ。

ある日のハガキである。（名前は仮名である。）他愛ないことをこうして書いて、ポストへ投函する。

ほとんど返事はこない。学校でも、「先生、ハガキありがとうございました」という挨拶もほとんどない。そういうあらたまって挨拶をすることは、子どもたちはもっとも苦手である。

私は、真一君にはこうして四通目のハガキを送った。彼ががんばった事実と私の期待が書かれてある。

彼は、私が受け持つ前の学年では、いつも友達とけんかをし、先生にはところかまわず文句を言い、勉強にはほとんど興味を示すことがなかった。私が受け持ってからも、落ち着きがなく、始終しゃべっている状態を繰り返していた。

それから私のハガキ作戦が始まったのである。

よくよく見ていると、彼は、何か頼みごとをすると、喜んで引き受けてくれる気安さがあった。先生から頼まれたことをとても喜びとするようなところがあった。私は、よく彼に頼みごとをした。彼が訴えにくることにも、よく耳を傾け、親身になって解決に奔走した。要するに包み込み法である。

三枚目のハガキを出した後、彼は、そっと私のところにきて、

「この前、先生からハガキもらって、お母さんが泣きながら読んでいたよ。……でも、先生のハガキはいつも同じこと書いているからすぐわかるんだ。いつも、『周りの先生たちが、真一君はとても成長しましたねと言っていいます』と書いているんだもん」

と伝えた。何とも照れくさいような、自分の成長がうれしいような顔つきである。

それから、彼は、「ぼくは、夢があるんだ。料理作りが好きだから、料理を作る板前になるんだ」と言い出したのである。

ハガキは彼に出てきた事実を伝えただけである。それこそなぐり書きの簡単な内容である。しかし、誰からも今までもらったこともないハガキだったのではないだろうか。繰り返し繰り返しそのハガキを読む。母親も「がんばっているんだね」と真一君に伝える。そんな情景が浮かんでくる。

このように私は、意識的にこのハガキ作戦を使っている。

ハガキを出すというめんどうくささを厭わなければ、簡単に教師は自分の思いを子どもに伝えられるのである。

(3) 縦糸・横糸を張る

私は、子どもたちとどのように関係づくりをしていくかについて、「縦糸を張る」「横糸を張る」という考え方をしている。

縦糸とは…教師（教える存在）と生徒（学ぶ存在）との上下の関係づくり
　返事、挨拶、言葉づかい、学級内ルールなどの規律を確立して、教師と生徒との縦のつながりを生み出すこと。

横糸とは…教師と子どもとの心の通じ合い、子ども同士の通じ合い
　一緒に遊ぶ。良い点を伝え、ほめ、励ます。笑い合い、伸びやかな雰囲気をつくり出す。子ども同士で教え合い、助け合い、学び合う。など

この二つがしっかり張れて、子どもたちとうまく関係づくりができる。

子どもたちと関係づくりをするためには、縦糸（厳しさ）と横糸（やさしさ、おもしろさ、楽しさなど）の二つがどうしても必要である。

この二つがあるからこそ、子どもたちから信頼される教師になれるのである。

(1)包み込み法　や(2)の伝達法　は、「横糸を張る」ための有効な方法である。横糸は数多く張っていかねばならない。

教師論ノート❺

《身につけたい仕事術5》保護者会をどうしていくか

(1) 保護者の小さな壷

保護者は、保護者会に〈小さな壷〉を抱えて参加する。担任教師によって、その壷の中に水を入れてほしいからである。どんな水を入れてほしいのか。もちろん、〈我が子〉に関する水（情報）である。比喩的に言えば、そのように保護者会を語ることができる。

保護者がほしいのは、我が子についてのクラスでの情報である。

「クラスの中で、どのように学習をしているのか」

「ちゃんと学習の中で、手を挙げて発言をしているだろうか」

「クラスの中で、友達関係はどのようになっているのか」

「我が子は、クラスの中でちゃんと友達と一緒に遊んでいるのだろうか。独りぼっちで過ごしているのではないだろうか」などなど。

「お母さん方は、授業参観のときは自分の子ばかりを見つめておられますが、もう少しクラス全体の様子も見てください」と昔は、私も言ったものであった。今にして思えば、とんでもない間違った指摘だったと思う。授業参観で我が子をひたすら見つめる保護者は、当たり前である。その保護者の要求（決して保護者は、その要求を担任教師に言わないけれど）にきちんと応えることは、努めて担任教師の心得であるべきである。

今、若い先生方は、この保護者会が苦手である。とにかく、早く終わらせたいために通り一遍の話をして、すぐ終わってしまう。

⑵　子どもが手を挙げて発言する授業

授業参観もそうあるべきである。

「私は、特別に作った授業は見せません。普通の授業を見せます」と、主張する先生は多い。私は、違う。できるだけ子どもたちが発言できる授業。できるだけ子どもたちが活躍できる授業。そんな授業がいいと思う。（普段の授業がそうなっていることが好ましいのだが、私のようなフツウの教師はそうはいかない。）

保護者は、〈我が子〉が活躍する授業を見に来ているのである。〈我が子〉が手を挙げて発言する授業を見に来ているのである。私は、できるだけそのような授業参観にしたいと思う。（できない場合もあるが……。）

最近、授業参観で、保護者の私語がひどくて授業が妨害されるという話をよく聞く。私の授業は、そんなことはあり得ない。保護者の方は、静かに耳を傾けてくれる。

聞き惚れるような授業が展開されているか。そんなことはない。多分、よく保護者にも手を挙げさせたりするからではないだろうか。

「この問題は、今日見えているお父さんやお母さんにも聞いてみましょうね」

授業を聞いていなければ、答えられないのである。

(3) ある日ある時の保護者会

さて、ここで私の保護者会を公開しておこう。
もちろん、事前にお知らせを出す。次のような内容だ。

保護者様

6年2組担任　野中信行

第2回学級懇談会のお知らせ

9月22日に授業公開・学級懇談会があることについては、学校よりお知らせしておりますが、次のような内容で行いますので、よろしくお願いいたします。

1　授業公開

授業公開については、「フリーター・ニートの授業」を予定しております。

今、若者たちの間でフリーターやニートが増えていて、今後大きな社会問題に発展していくと思われます。

ここで子どもたちに、その問題を考えていくきっかけになればと思い、この授業を構想しました。

授業を参観されて、ご意見をお聞かせいただければありがたいです。

2　懇談会

懇談会については、次のように進めさせていただきます。

①　最近の子どもたちの様子について

②　学習の状況について

○水泳学習の結果について

○漢字学習について

○「あゆみ」について

③　子どもたちの「音読発表会」の様子について

各班で練習している様子をビデオでお見せします。

④　体験学習の様子について

先日の体験学習の様子です。

ビデオを編集して、その様子についてまとめましたのでお見せします。

台風の余波で、カッター訓練やいかだ遊びはできなかったのですが、代わりに魚釣りをしたり、砂遊びに興じました。その様子が映っています。

そして、当日に次のようなプリントを出して、プリントに沿って話を始める。

第２回学級懇談会　　６年２組

1　**最近の子どもたちの様子について**

○30分休みへのクラスの取り組みについて

●学級会での話し合いで決まったこと

・グループで遊ぶこと

日頃遊んでいない人たちとの遊び、１年生との遊び、自由、クラス全体での遊び、給食グループでの遊び（月から金曜日）

▽

子どもたちのコミュニケーションの壁を少しでも崩していきたい

☞ 必ずこのことについてはできるだけくわしく話さなくてはいけない。私は、できるだけ率直にクラスの様子を話すようにしている。

2　**学習状況について**

①　水泳学習の結果について

○７月の最初の状況　　　　９月の記録会

・０ｍ～５ｍ…………○人→　→　→　→　→　○人

・６ｍ～15ｍ…………○人→　→　→　→　→　○人

・16ｍ～20ｍぐらい…○人→　→　→　→　→　○人

・25ｍ以上……………○人→　→　→　→　→　○人

・不参加者……………○人　　　　　　　　○人

※夏休みの間に25ｍを泳げるようになったのは、○人です。

②　漢字学習の結果について

○全校で７月に漢字まとめテスト実施

・６年生…50問（合格は80点以上）

・６年２組…合格者○名

不合格者○名（不参加者○名）

③　音読への取り組み

○本校では、国語学習を重点研究にして取り組んでいます。

〈国語科の基礎・基本を身につけた子の育成〉

～音読を重視した確かな読み取りのための指導法の研究～

④「あゆみ」について

プリント参照

3　今後の予定について　（略）

4　音読発表会

○総合で取り組んでいます。
○国語学習での音読の発展学習として取り組んでいます。
○ビデオでその様子を見てください。

5　体験学習の様子について

○9月5日から7日まで（2泊3日）
○南伊豆臨海学園
○9月5日…〈午後〉あじのひもの作り
　　　　　〈夜〉館内きもだめし
　　　　　　（雨のため、ナイトウォークの代わり）
　9月6日…〈午前中〉魚釣り
　　　　　〈午後〉砂遊び、クラフトづくり
　　　　　〈夜〉キャンプファイヤー
　9月7日…後かたづけ、清掃、おみやげを買う
○ビデオでその様子を見てください。

第6章 交流活動を組織するコツ

―コミュニケーション力をつける―

【この章でのポイント】

教室の文化活動をどうしていくか。

教室は、授業と当番活動と休み時間だけで成り立つわけではない。子どもたち同士の交流活動をどのようにしていくのか、大きな課題である。

私のクラスでは、法則化運動で学んだ「会社活動」を行っている。自分たちで会社（係）を作り、日常の活動を行っている。

この活動を通して、子どもたち同士の交流が活発になるのである。

1 会社活動の取り決め

子どもたちの活動には、二つがある。

一つは、当番活動として教室の日常を成立させるために、一人一役で役割を決めて活動している。

もう一つは、係活動（会社活動と呼んでいる）で、教室の文化活動としての活動である。

当番活動と係活動を分けて考えるということと、係活動を会社活動としていくというのは、法則化運動によって学んだものである。

子どもたちに係活動という名前にするか、会社活動という名前にするかと選ばせたら、きまって「会社活動がいい」と多数が選ぶ。だから、私のクラスでは、「会社活動」として係活動が行われている。

会社活動の取り決めは、次のようなものである。

① 三人以上の人の集まりで会社は作ることができる。（作りたい会社ができたら先生に申し出なくてはならない。）
② 会社活動全体をやめるときも、会社から退社するときも、先生に申し出なくてはなら

ない。

③　会社は、二つまで所属していい。どこか一つには、所属するようにしよう。
④　会社は、自分たちで楽しむだけでなく、クラスのみんなが楽しめるように二カ月に一回ぐらいは大会を開く必要がある。

この文化活動は、子どもたち同士のコミュニケーションを活発にすることが大きな目的である。そして、大会を開くことで自分たちの企画力、動員力などが鍛えられる。一切先生に頼らないで勧めることが条件なので、子どもたち自身の自主管理力がついていくのである。

会社の子どもたちは、何度も相談し、役割を分担し、……という活動を通して、互いのコミュニケーションを図っていくのである。この働きは、クラス活動にとって大きなものである。

2　会社活動の時間を保障する

さて、現在のクラス（六年生）は、どんな会社があるのだろうか。

○　**新聞会社**　不定期的であるが、新聞を発行する。壁新聞であるが、廊下の掲示板に張り出される。隣のクラスにも評判で、みんなが楽しみにしている新聞である。

○ **バースデー会社**　クラスの子どもたち一人ひとりの誕生日に合わせて、「誕生日おめでとう」のカードを渡す。そのカードには、みんなの寄せ書きがある。

○ **将棋会社**　教室に備えてある将棋を使って、将棋を楽しむ会社である。強くなったら、先生と対戦することができる。

○ **トランプ会社**　教室に備えてあるトランプを使って、トランプを楽しむ会社である。

三人以上の申し出でどんな会社も作ることができるので、いろいろな会社が成立してくることがある。

問題は、活動の時間である。この時間が保障されていなくては活動も不活発になる。私のクラスでは、給食の配ぜん中に活動していいことになっている。条件は、絶対に配ぜんの邪魔にならないように、教室の後ろで座って活動することである。

また、ときどきは、総合の時間を活用して、その時間を会社活動の時間にとることもある。

3 会社活動のその後

この原稿を書いているのは、十一月下旬である。会社活動は軌道に乗り、ずいぶんあちこちで話し合いの場が広がってきた。そして、多くなったのが、大会やパーティの申し込みである。

「先生、今度新聞会社で大会を開きたいのですが、十二月二十二日の最後の日の三、四時間目をもらえませんか」

「先生、バースデー会社で今度クリスマス会を開きたいのですが、十二月十五日の五、六時間目をその時間にもらえませんか」

このような申し込みがある。

最初は、一時間だけの時間を設定しての大会しかできなかった。それは、自分たちで一時間の時間を企画し、もたせていくことができなかったからである。ところが、やはり場数を経てくると、うまくなってくる。クイズを出し、ゲームをして……、みんなで楽しむということが大好きになってくるのである。

男女の溝が薄れ、共にクラス活動を楽しむという共通の目標ができる。男女がとても仲良しになる。私は、学級の中でずっと後ろに下がって見守るだけでということになる。

こんなささやかな喜びを子どもたちと共に味わうこと。担任冥利に尽きることなのだ。

新聞会社であった子どもは、この会社活動を次のように書く。

新聞会社サイコー

中間　里奈

今日は、新聞を取りつける日です。

私は、新聞会社の社長です。新聞会社では、新聞を作ったり、パーティーをしたりします。そして今日は、新聞を取りつける日なのです。つけた後にはたくさんの人たちが見に来てくれます。一組の人や二組の人、そして野中先生も見ています。みんなには、「新聞いつ出すの」と言われることもあります。そんなとき、私は、とってもうれしい気持ちになります。なので、新聞は早めに書こうといつもがんばっています。でも、ほとんどは、清水さんがやってくれます。でも、みんなどこを書くかを決めて、分担して書いています。みんな自分の書く所は、熱心に書いています。私の書く所は、心理テストがのっている本を見て、書いています。他にも、六年二組の全員のプロフィールや、何でもベスト3などもあります。

私は、この新聞会社の社長になって、責任を感じてくるようになりました。前はそんなことはありませんでした。なので責任を感じることをして、とっても勉強になっています。これからも、新聞会社のみんなと一緒にがんばっていきたいと思います。

バースデー会社であった子どもは、次のように書いている。

小学校最後の思い出

山本　直美

今までのバースデーパーティーは成功したと思う。

私は、バースデー会社に入っている。仕事は、誕生日が近い人にバースデーカードを書くことだ。その人にお祝いの言葉やメッセージなどを書く。絵などを書いて誕生日になったら、そのバースデーカードを帰りの会のときに渡すのが仕事である。もう一つ特別な仕事が二カ月に一回、バースデーパーティーをすることだ。三週間くらい前にゲームを考えて、みんなに楽しんでもらうパーティー。

メンバーは九人いて、ゲームを担当してお題などを考える。中でも大変だったのは、商品を包装紙に包んだり、袋の中に入れることだ。四階の教室であいている時間に、商品を包装紙に包んだり、袋に中に入れるのが時間がかかって、大変だった。でも、みんなが喜んでくれればやったことがむだにならないからやってよかったと思った。

協力してやればいつか何かのためになるということがわかった。これから、協力していくことを大切にしようと思った。

小学校最後の思い出ができてよかった。

（児童の名前は、いずれも仮名である。）

教師論ノート❻

〈身につけたい仕事術6〉学級の筋道をどうしていくか

(1) 学級づくりの筋道

学級づくりをしながら、一年間の学級経営をどのように構想するかは大きな課題である。

私の場合は、以前ほどこの構想がうまく行かなくなったとしみじみと考える。なかなか一年間の見通しが立たなくなったというのが現実である。それは、やはり子どもたちが大きく変貌していることが大きな原因である。

学級経営は、クラスが〈集団〉としてのまとまりを持てなくてはそれ以上の高まりは構想できないからである。だから今、現状は、クラスをどのように〈群れ〉の状態から〈集団〉の状態へ変えていくかが学級経営の大きな課題である。

それでも、私は、次のようなおおまかな筋道で学級経営を展開する。

① 基盤づくりの段階

○ 学級の仕組みづくり（第3章　3・7・30の法則）

○ 集団意識の形成（第4章　学級を「集団」として高める「目標達成法」）

② 集団づくりの段階

○　集団意識を盛り上げる。
●　会社活動を軌道に乗せる。（第6章　交流活動を組織する）
●　学級会を軌道に乗せる。（第4章　学級を「集団」として高める方法「ちょこちょこ学級会」）

③「ひとり」づくりの段階
○　集団に埋もれない「個」を育てる。
●　「先生、○○していいですか」と指示をいつも仰ぎにくる子どもたちから、自分で考え、判断できる子どもたちを育てる。
●　周りの友達に振り回されない子どもたちを育てる。

⑵　小学校の段階は、「集団」化がメイン

③の「ひとり」づくりの段階については、まだまだ発表できる実践を持ち得ていない。試行錯誤である。

今盛んに展開されている「個性を育てる」「主体性を育てる」ということと共通することはあり得ると思うが、同じとは考えない。私は、「個を育てる」ということは、どうしても「集団」化を経てからこそ成り立つことなのだという考えを持っているからである。

学童期である小学校の段階は、「集団づくり」の段階がどうしても必要である。

第7章 秩序ある教室づくりのコツ

【この章でのポイント】

「ブロークン・ウィンドウ理論」を知るまでは、普通のこととして行っていたことである。

特別に意識することはなかったと言っていい。だが、この理論を知って、秩序ある教室づくりをすることは、大切な学級経営の一つであることを意識したわけである。

ぜひ、教師自らがこういう意識を持てるようになってほしいと思う。

1 「ブロークン・ウィンドウ理論」が教えること

凶悪犯罪がはびこるニューヨークの街。その街を立て直すために立ち上がったのは、前市長ルドルフ・ジュリアーニ氏だった。

彼が取り組んだのは、凶悪犯の摘発ではなかった。それまでは見過ごされていた軽犯罪や落書きを徹底的につぶしていくという取り組みであった。その結果、彼の市長就任から八年後の退任後までに、殺人の発生件数を六七％も減らしたというのである。

これは、日本テレビ「ニューヨークで行われた驚異の犯罪撲滅プロジェクトを追え」（二〇〇三年二月十六日朝八時）の番組で放映されて一躍注目されたものである。

ニューヨークの取り組みは、日本の札幌でも取り上げられ、札幌のすすき野地区の犯罪は減少していると報じられていた。

ジュリアーニ市長の取り組みの根拠になったのは、ジョージ・ケリング博士が主張する「**ブロークン・ウィンドウ理論**」である。この理論は、次のようなことである。

① 小さな犯罪こそが、大きな犯罪を引き起こす引き金になるということ。
② 割れた窓を放置していると、人の目が及ばない場所であると受け取られ、小さな犯罪

を誘いやすく、それがエスカレートしていずれ大きな犯罪につながる。

思い出すことがある。

八〇年代の初めに、中学校が荒れまくったことがあった。校内暴力である。当時、教育研究活動で中学校を訪れることがしばしばあった。教室に入るや驚くことがあった。何とも殺風景で、本当にここで生徒が勉強しているのだろうかと疑わせる教室風景であった。すさんでいるという表現がぴったりするようになんとも雑然としていた。

それ以来、私は、あらためて教室環境を見直すことになった。

学級崩壊をしているクラスを訪れると、きまって教室が荒れていることに気づかれたことはないだろうか。担任教師は、教室環境などに気を配っている暇はない。子どもたちへの対応で精一杯である。だから、放課後の教室は、プリント類の散乱、机や椅子の散乱、ぞうきんの散乱……、という状態を呈することになる。

教室の荒れは、きまってそこで生活している子どもたちの心の荒れを呼び起こしていくことを担任教師は心していかなければいけない。

得てして、担任教師は、教室環境に無頓着になるものである。私も、若い頃は教室環境に気を配ることはあまりなかった。しかし、今なら教室環境を整えることは、学級経営の大きな柱の一つだということがわかる。

要するに、「ブロークン・ウィンドウ理論」からわかることは、**「人は身の回りのささいなことに影響を受けやすいものなので、まずは身の回りの小さなことに気を配らなければいけな**

い」ということである。

2 教室環境を整える

もう一度、この理論にもどって考えてみる。

この理論は、簡単に言ってしまえば〈窓が壊れた家は、泥棒が入りやすい〉というように受け取ることができる。

①　もう壊れているのだから、少しぐらいおれがこの家から持って行っても平気だろう。
②　もう誰かが泥棒をしているだから、おれがやってもかまわないだろう。
③　あいつもやっているのだから、おれ一人が罰せられるのはおかしいだろう。

こんなかたちで、「おれ」は、だんだんとエスカレートしていく。いつも最初は「おれ一人ぐらいは大丈夫だろう」ということから始まる。これを許さないことである。これが許されていくと、「どうしておれだけが叱られなければいけないんだ」という声が出てくる。危険状態である。

最初が大切である。教室環境を整えることで、私はどんなことに気をつけているのだろうか。

①　教室の掲示物が外れていることなどに敏感になっている。すぐきちんとつける。
②　掲示物が古い物は、すぐとりはずすこと。十月になっても四月の掲示物がはってあるなどということがないようにする。
③　教室に落ちている物に敏感になっている。鉛筆、消しゴム、プリント類、学用品などはすぐに拾うか、子どもたちに拾わせる。
④　机のそばのフックには、道具袋（道具箱の代わりに道具袋にしている）以外はかけさせないようにしている。
⑤　教室の掃除は、必ず掃除機でドアの敷居掃除をさせている。掃除の係の中に組み入れている。ここは掃除の盲点である。
⑥　廊下に、ぞうきんや荷物が落ちていない状態にする。

こういうことが普通にできるようになるまでには、ずいぶんと時間がかかった。

私たち教師は、授業がきちんと行われ、子どもがちゃんと活動していればそれで事足れりとする傾向がある。教室環境にまで視線が向かないのである。

もちろん、子どもが活動する教室である。こざっぱりと整っていれば十分である。

問題は、子どもたちに教室環境を整えることに気づかせていく視点をどうするかということである。

3 段ボール箱を活用する

四月の当初、必ずする指導が一つある。

朝、教室へ行く廊下で、落ちている荷物を拾いながら教室へ入る。そして、朝の会で、落ちていた荷物を紹介しながら次のように板書する。

> ① 落ちていた荷物に気づいたけれど、拾わなかった。
> ② 落ちていた荷物に気づかなかったので拾わなかった。

「さて、どちらがよいのでしょうか」と問いかける。

ほとんど全員が②に手を挙げるはずである。「気づかないので拾いようがないではないか」というわけである。

「正解を言います。どちらがよいかは、はっきりしています。①です。なぜか。①の人は落ちている荷物に気づいています。だけど、めんどうくさいので拾わなかっただけです。もしかしたら、いずれの日か拾ってくれる可能性があります」

「②の人は、落ちているのですけど、そこを通っているのに気づきません。見えていません。

たまには、気づかないで踏んづけていく人がいます。最悪です。この人たちは、いつになっても落ちている物が見えません」

「私は、②の人には落ちている物を拾ってくれと言いません。見えていない人に頼んでも無理です。しかし、①の人には、お願いしたいのです。めんどうくさいのは、わかる気がします。拾っても、誰のだろう、どこにかけたらいいのだろうなどと気にしていたら、急いでいたら自分のことができません。

そこで、①の人にお願いしたいのです。廊下に落ちている物があったら、誰の物だろうとか考えないで、段ボール箱をおいておきますので、その中に入れてください。それだけでいいです。そのくらいのめんどうくささは、この六年二組の人は克服してほしいと思います」

これだけの指導をとりあえず四月当初にする。

もちろん、これだけでは廊下に落ちている物はなくならない。しかし、この指導をしておけば、「○○さん、その荷物は段ボールに入れておいてください」と何度か指導すれば、自分から荷物を拾ってくれる子どもが出てくるのである。

4　机や椅子を整頓する

放課後の教室で、机や椅子がきちんと整頓されている状態を保っていることは簡単なことではない。きまって机や椅子がぐじゃぐじゃになっている所が多い。担任教師も、そんなことに気をつかっていない。

しかし、明日の朝、子どもたちは、このぐじゃぐじゃした教室に戻ってくるのである。せめて、新鮮できちんとした教室に「おはよう」と来てほしいではないか、と私ならそう思う。整然とした秩序だった教室をいつも体験させておくことは大切なことだと思う。

さて、どうするか。私は、こうしている。

問題は、帰りの会である。「さようなら」をさせるときが問題である。

机や椅子がぐじゃぐじゃになるクラスは、さようならをするとき、きまってランドセルを背負い、荷物を手に持っている。「さような…」ぐらいで飛び出ていく子がいる。それを許していたら、いつまでも机や椅子はぐじゃぐじゃである。

私のクラスは、さようならのときは、絶対にランドセルを背負わせたりしない。さようならをしてから、背負わせるのである。

帰りの会で日直は、このように指示を出す。

○「帰りの会の仕事をしてください」→　窓当番、日付当番、図書当番、電気当番は、すぐに自分の仕事をするために移動する。
○「さようならをします。起立」
○**「机を整頓してください。椅子を中に入れてください」（ここで整頓させる。）**
○「さようなら」（さようならと挨拶をして、教師が「はい」と合図を送るまで動かない。

飛び出ていかないためである。）

これだけの順序で、教室の中は、机や椅子が整頓された状態になる。
これだけのちょっとした手間をとることによって、教室環境は、整ってくるのである。

教師論ノート❼

子どもと関わるということ

(1) 子どもと関わることが好きであった

私は、三十七年間の教師生活を終えた。

今から考えれば、よくぞ三十七年間も担任をしながら、教師生活を続けられてきたものだと思う。

「管理職になろうという気持ちにならなかったのですか」と聞かれることがよくあったが、そういう気持ちになったことはなかった。だから、きわめて自然に三十七年間ヒラ教師を勤めることになった。

管理職になることに対して、特別な抵抗があったわけではない。歳をとり、自然な過程で管理職へ上がっていくことは普通の筋道である。私のごく親しい友人たちも、校長、副校長（横浜は、教頭を副校長という）になっているし、それぞれが頑張っている。

しかし管理職も、現在では、学校づくりをどうしていくかというより、〈苦情処理〉に大半の時間を奪われ、苦労の連続である。

「校長というより、苦情処理係だよ」という愚痴がささやかれるのも現状である。

私は、特別に子どもが好きだったわけではない。しかし、元気がないときでも、教室に行き、授業をしていると不思議なことに元気になっていく自分を見つけることがよくあった。〈森林浴〉ではなく、〈子ども浴〉だなあとつくづく思ったものである。

私は、子どもが好きだったわけではなく、〈子どもと関わる〉ということが確かに好きであった。

⑵ 教師冥利に尽きること

私は、先生が休んだときに代わりにいく補欠が好きである。

とっておきのお話をしてあげることになる。

「野中先生は、こわい話に、汚い話に、おもしろい話が得意です。今日は、どの話がいいかな？」と言うと、決まって「こわい話がいい！　こわい話をして！」と子どもたちは叫ぶ。とたんに、電気を消しにいく子、カーテンを閉めにいく子が現れる。子どもたちは、怖い話が大好きなのである。

「この前、こわい話をしていたら、あんまりこわくておもらしした人がいたよ。大丈夫かな」と言うと、ぱっと連なってトイレへ出かけていく。ほんとに低学年の子どもたちはおもしろい。

最初は、汚い話から始まり、おおいに笑わせたところで、怖い話に入っていく。し〜〜〜〜んとなり、口を開けたり、目をつぶったり、……思い思いの表情で私の話に聞き入ることになる。

こんな時間が大好きである。

以前、私が六年生の担任のとき、授業をしていると、ドアをコンコンと叩くものがある。開けると、二人の子どもである。

「どうしたの？」

「うん、野中先生、うちのクラスの先生がお休みなので、この前のこわい話の続きをしてほしいとクラスのみんなが言っているので来てください」

二年生の子どもである。二人が代表でやってきたのである。そう言えば、この前、怖い話がいいところで、「この話の続きは、またこの次！」と言って終わってしまったのである。これは困ったことである。でも、こんなお願いは、教師冥利に尽きることではないか。と、私は、クラスを自習にしながら、出かけていったことがある。

(3) 小林先生の話

私が小学校の三年生のときであった。担任の先生がお休みで、代わりに隣のクラスの小林先生が来てくれた。

「今日は、お話をします」

と言って話をしてくれた。今でもそのときの小林先生の身振りを覚えているくらいに、とても興奮するおもしろい話であった。ずっとそのときのことが私の心に残っていた。

教師になって、そのとき小林先生が話してくれたのは「アリババと40人の盗賊」という本の内容だったことがわかったのである。

おそらく、この小林先生の一時間のお話がなかったら、私がこうして子どもたちにお話をするということはなかったのだとつくづく思う。小林先生は、たった一時間で、私に種をまいてくれたのである。

⑷　名前も知らないその先生の思い出

小学校二年生のとき、私は、クラスで選抜されてラジオの歌番組（予選会）に出演したことがあった。（よく思い出せないが、そんなものだったと思う。）隣の佐賀大学の附属小学校に朝早く出かけていった。

私たちは、附属小学校の中庭で朝の待ち時間を遊んでいると、そこへ見慣れない先生と子どもたちがやってきて、

「私たちは、ずっと山の方の学校から来たんだけど、町の子どもたちの遊びがどんなものか仲間にいれてくれないか」

という申し出があった。もちろん、私たちは、承諾して、一緒に遊んだのである。

そのときの先生のことがずっと忘れられなかった。なんと素敵な先生だろうと子ども心に印象づけられたものであった。

ものの十五分か三十分ぐらいを一緒に遊んだんだろうか。

それだけである。しかし、教師になってからも、その先生のことが私の心に残り続けた。

名前を知らないその先生である。しかし、私の心にその先生は、確かに種をまいたのである。

⑸　教師の仕事は種まきの仕事

小学校のあるとき、確かに二人の先生が私の前をしなやかな印象を残して通り過ぎていった。しかも、ほんの短い時間である。

そのことを考える。

お話をしてくれた小林先生。私がまだその話しぶりを覚えているほどに真剣であった。適当な話でお茶を濁すことはなかった。このことから子どもと関わるときには、真剣でなくてはならないことを教えてくれたんだと私は思う。

一緒に遊びに加わってくれた先生。二年生の私たちに対して、〈町の子どもたち〉という一目置いた対応をしてくれた。そのことがとてもうれしかった。

〈子どもと関わる〉ということの大切な何かをこの二人の先生は、体験的に教えてくれている。だからこそ、私の心の中にいつまでも残り続けた。

私たち教師の仕事は、種まきの仕事である。その種がどんな芽を出すのか、どんな花を咲かすことになるのかをほとんど見ることはできないけれど、それでも、子どもたちは、きっとどこかで自分の花を咲かせてくれるだろうという未来にかける仕事である。

終わりに

大切なのは、ほんの些細なポイント

通勤の関係で遅く帰ってくる女房の代わりに、夕食作りを六年間ぐらい毎日続けたことがある。新鮮な経験をいっぱいすることができて、貴重なことであった。

献立作りのために、栗原はるみ、ケンタロウなどを読みあさった。もっともおもしろかったのは、奥薗壽子《おくぞのとしこ》の料理術だった。奥薗さんの料理術は、私たちの学級経営や授業につながるところがあって、「なるほど！　なるほど！」と感嘆するところが多くあった。

「イイカゲンに作ったやり方と、テキストのやり方って、そんなに大きな違いはないってこと。ということは、**成功と失敗、おいしいとまずい、運命を分ける要素は、ほんの些細なポイントだということ。**たとえば肉じゃがだったら、煮汁の量が思ったよりも少なくていいとか。落としぶたをしたほうが味がまんべんなくしみ込むとか。なあんだ、そんなことでよかったんだ、と思える程度のことだったのです」（『ズボラ人間の料理術　超入門』サンマーク出版）

そして、奥薗流「正しいズボラの7か条」がおもしろい。

「1、面倒くさいと思う気持ちに素直になること。2、手を抜くことで、おいしくなること。3、使う道具は限りなく一つであること。4、その日のうちにすべてを使い切ること。5、限りなくヘルシーであること。6、料理の既成概念を捨てること。7、実験精神旺盛で、遊び心があること」

料理との違いを抜きにすれば、奥薗流の料理術は、私の学級経営術とほとんど同じだと思ってしまう。

この本で、私は、学級経営のコツとして、五つの方法を提示している。いずれも、ちょっと努力していけば、すぐ成立していく方法である。学級経営も、うまくいく・いかないを分けていくのは、**ほんの些細なポイント**だということをできるかぎり指摘している。その意味で、かぎりなくハウツー本になっている。

若い先生たちが、いろいろな試行錯誤を繰り返して遠回りをするよりも、最短距離で学級経営のポイントをつかんでほしいという願い。そう思って作ったのが本書である。

若い教師は、もっといろいろな試行錯誤をし、たくさんの失敗をし、多くの悩みの中から、コツをつかんでほしいという先輩教師の願いがあることは、十分承知している。しかし、そんなことをしていたら、今の状況では、つぶされてしまうのである。

今、教師の仕事をむずかしくしているのは、はっきりしている。「子どもたちの変貌」である。子どもたちが「生徒」しなくなっている状況。その状況が加速度的に高まっているからである。

だから、変わっていく子どもたちに対応できなくては、私たちの仕事は、ほとんどきれいごとに終わってしまうのである。

はっきり言っておきたい。今、現場の教師たちへ助力の手をさしのべてもらいたい行政も教育政策も、まったく当てにならない。ほとんど孤立無援の状態で、光が見えない現場で悪戦苦闘を繰り返しているのが、私たち現場教師なのだ。

無駄なことには一切悩まず、へこたれず……

私は、若い先生たちに「悩むな。悩み事のほとんどは、解決できない悩みだ。ほとんどは時が解決してくれる。悩むだけ無駄だ」と言い回っている。そして、『座右の諭吉』（斉藤孝著、光文社新書）を読むようにと触れ回っている。

斉藤は言う。

「日本社会には、人間的な成長のためにぐずぐず悩むことをよしとする傾向が強くあったように思う。これは私小説の悪い影響もあったのかもしれない。私自身も長いこと、精神は晴れきってはいけないという、無意識の抑圧を感じていた。その思い込みを払拭してくれたのが福沢だ。

青年期の彼がナーバスな感傷や自分探しの代わりに何をしたかといえば、カラリと晴れたあの精神のままに、ただ勉強をしていたのである。私自身も人生に悩んだ時期が長かったので痛感する。人生にぐずぐず悩むヒマがあるならもっと勉強をすればよかったのだ」（『座右の諭吉』）

福沢諭吉の人生の処し方は、今の時代を生きるための処世訓を提起し続ける。

「彼はどんな閉塞状況にあっても、あるいはどんな難しい事態に陥っても、まったくへこたれるところがなかった。パニックにならずに対処し続ける。無駄なことには一切悩まない。自分のやりたいことがうまく進むように具体的な手立てを打っていく男だった」(同著)

教育界は、しばらくの間、きわめて困難な閉塞状況が続いていく。

しかし、その状況に陥る必要はまったくない。無駄なことには一切悩まず、へこたれず、元気に教師の道を歩んでいってほしいと心からエールを送りたい。

今回の本も、大学時代からの親友である原幸夫に貴重なアドバイスをもらった。心強いかぎりである。また、一冊目同様、粗雑な文章をわかりやすいかたちに編集してもらった学事出版の花岡萬之さんに大変感謝している。

本当にありがとうございました。

二〇〇六年　春

野中　信行

〔著者紹介〕
野中　信行（のなか　のぶゆき）
1947年　佐賀県生まれ
1971年　佐賀大学教育学部卒業
横浜市立大池小学校教諭を務めたあと定年退職
研究テーマは、学級組織論である。
著書に「困難な現場を生き抜く教師の仕事術」「野中信行のブログ教師塾」（学事出版）「新卒教師時代を生き抜く心得術60」（明治図書）「シリーズ明日の教室－学級経営・基礎の基礎」（共著ぎょうせい）などがある。ホームページ（ブログ）で、現場での日常を提起している。
〈Eメール〉
kazenifukarete@hkg.odn.ne.jp
〈ホームページ〉（ブログ）
http://nonobu.way-nifty.com/blog/

学級経営力を高める３・７・30の法則

2006年５月１日　初版発行
2010年１月10日　第５版発行
2012年４月１日　改訂初版発行

著　者　野中信行
発行者　安部英行
発行所　学事出版株式会社
〒101-0021 東京都千代田区外神田2-2-3
電話　03-3255-5471　http://www.gakuji.co.jp
編集担当　花岡萬之
装　丁　岡崎健二
組　版　一企画
印刷所　日経印刷株式会社

ISBN4-7619-1175-1　C3037